不是情緒化
是大腦過載

拆解「失控的瞬間」，
找到理性與情感間的平衡點

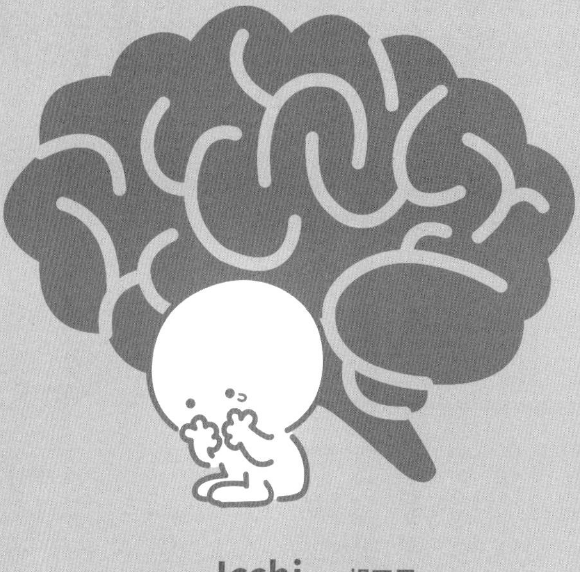

精神科醫師 Icchi 著　楊玉鳳 譯

你不是情緒不穩。

只是**「偶爾會出現類似情緒化的情況」**而已。

你是否曾因為一點小事，**「內心就有些不穩定」**。

雖然大腦知道，**卻無法控制自己的情感。**

就像是這樣的瞬間。

那種時候，
大腦會出現如下的迴圈。

要斬斷這迴圈，就必須要「察覺」，

「大腦好像變得有點情緒化（崩潰）！」

因為這分「察覺」，就能分辨出
「情緒化的我」以及
「理性的我」。

然後，**「理性的我」**
就能以正確的方式接近
「情緒化自我」。

本書就是要告訴各位這個方法。

訣竅就是**體驗到**「○○○○」。

到底該怎麼做呢？

有位女性曾有過這經驗。

因此一開始，我想讓大家來閱讀她的自白。

某位女性的自白

我哭了。

我第一次當著公司眾多同事面前哭泣。

我也不曉得為什麼，但眼淚就自己奪眶而出，完全停不下來。

「工作還好嗎？妳讓我想起了自己還是新人時期的時候。我會支持妳的唷。」

我想起了上司的話。

我覺得自己能在這個職場工作真的很幸運。

上司與同事多是好人。

直屬上司雖然經常在炫耀家人，但還在能忍受的範圍內，也經常會和新人的我搭話。

薪水很好，我也完全沒有對工作的不滿。

但是，當我沒有如自己預期般做好工作，或是工作進度不順利，一旦同事用溫柔的語氣對我說：

「一開始大家都做不好，但從現在開始就好好記住吧。」

「我也是剛進入公司時都做不好，有什麼不懂的地方可以儘管問我喔。」

就會突然湧出眼淚。

我知道大家很照顧我，可是每次有那樣的感受時，就會讓我再度認知到「自己是個多沒用的傢伙」，因此即便大家都對我很親切，卻還是會不禁哭出來。

該怎麼做才能改善眼淚不受控制地奪眶而出呢？

一開始我是躲進廁所或沒人注意的角落偷哭。

但是，看著須要花費大量時間完成的資料、被指出要改善之處（對方跟我說話的方式很親切，完全沒在生氣）時，我就會邊哭邊做筆記。

之後就算是在上司或幾位同事面前，也會突然湧上眼淚。

從小，我就會努力不在他人面前哭泣，也認為「不要讓人看見自己的眼淚」，所以對於自己在哭泣感到很震驚。

「上司一定會覺得我是『立刻就會哭出來的新人』『好麻煩，而且好丟臉』……」

這麼一想，我就更無法原諒自己。

我好幾次都想抑制眼淚。

可是不知道是不是已養成習慣，立刻就會鼻酸，然後眼淚潰堤。

「不好意思」「對不起」，不知道已經是第幾次的道歉，是和眼淚一起貿然而出的討厭詞語。

變得好不像自己似的……。

像這樣給周遭添麻煩的我，一定會被人覺得我很「情緒化」。

因為這樣，我想著要找人商量。

雖然是獨居，但我和家人感情很好，也有男友，所以有很好的商量對象。

可是一旦想找人商量，我就會冒出「不想讓對方擔心」的罪惡感，以及「在職場上哭，會不會被想成是很沒常識？」的羞愧感。

我一直都掩飾為「自己沒問題」，沒有好好地去找人商量。

但其實根本就不是沒問題……。

所以我想努力找出適合自己的方法。

「不在公司哭出來的方法」

「強健心靈的方法」

我最近每天的功課就是用這些關鍵詞在網路搜尋。

打開社群網站，網紅們都非常閃耀動人，讓我深切意識到「這些都是和我住在不同世界的人啊……」

這麼想著，我又陷入了沮喪。

可是我也想著該怎麼做才能像他們一樣。我內心也抱著一絲期待，不知道自己是否也能變得像他們那樣。

雖然我也會參考他們的成功經驗，但大致說來，那些人即便失敗了，也不會灰心喪志，反而會想著：「我一開始也很糟糕，但多次挑戰後就能順利進行了！」「我把失敗想成是與成功連結的捷徑而努力著！」

結果只讓我的心情更糟，想著「這些人果然跟我不一樣啊……」

像這樣持續在網路上搜尋後，我找到了「若有持續這樣的症狀就會變成憂鬱症」的文章。我看著「經常撒嬌的人容易罹患憂鬱症」這篇投稿，莫名感到非常恐懼。

「我果然只是在撒嬌嗎？」

一般人應該不會像這樣在職場上哭泣。

同時期進公司的同事們，都獲取了比我更好的成果。

老實說，我已經沒有信心去上班了。

回家後我只是一直在看著標題類似「提高自我肯定感的方法」「強健心靈的三個習慣」的影片。

雖然說得好聽，但總是光看不做，什麼都不會改變。
我像這樣渾渾噩噩瀏覽著網頁時，看到了一個有些不一樣的帳號。

「虛擬精神科醫師Icchi」

虛擬精神科醫師？
那個帳號發布了一篇「憂鬱症與適應障礙有什麼不同？」的文章

「精神科所使用的藥物都有哪些呢？」
說不定，我突然就哭出來是因為內心的疾病……？
我這麼想著，稍微提起了興致。
本以為都是在說些很專業的內容，是跟自己完全無緣的世界，但這樣的說法倒有些新鮮。
真希望有人能聆聽我的狀況，想知道我是不是生病了。
可是總覺得精神科好像很恐怖，如果真要去我還是……。

我想到，這位醫師似乎有設置免費的「提問箱」這個服務。
若是提問或諮詢煩惱，他似乎會以精神科醫師的身分免費回答。
他寫道：「不論是怎樣的煩惱，都請試著諮詢、提問看看。」

這是真的嗎……。
他會不會對我說些嚴厲的話呢？像是那其實就是在撒嬌，或是不要為那種事煩惱？
可是其他人也很輕鬆地提問了。

「該怎麼做才能離開毒親？」
「為什麼大家都能那麼積極地想著『要活下去！』呢？」
「醫師你最喜歡的寶可夢是哪一隻？」

從沉重的提問到漫無目的的提問都有。
既然這樣，或許我也能獲得回答。
這麼一想，我就試著問了些問題。

【提問】

這是我初次提問。

不知道是不是可以問這問題呢……？我有些迷惘，但因為怎樣都搞不清楚，所以還是來提問了。

最近我因為會突然在公司中哭泣而感到困擾。

我很難形容那種感覺，不是因為想哭，就是突然會哭出來。

不是因為被罵或受傷，反而是人家親切對我時，眼淚就會不受控制的奪眶而出，止都止不住。

這樣的事情是第一次發生，所以我不知道為什麼會發生這種事……。

從小，在我的成長環境中就有人會對我說：「哭泣很丟臉。」

我很感謝雙親，但我沒想到自己會做出那樣難為情的事。

對同事來說，一定會覺得我是「經常哭，很麻煩的傢伙」「玻璃心」，只要這麼一想，我就無法去找任何人商量。

我想，說不定是精神疾病，雖想去醫院接受診斷，但因為害怕，所以還沒預約。

因此，如果可以得到醫師這類專家的見解，我會很開心的。

我是不是有哪裡不正常呢？
這是精神疾病嗎？
麻煩您代為解答了。

我提出了問題。
文章寫得也許有些雜亂。
不知道是不是很難讀懂呢？
如果醫師沒有看呢……。
我才這麼想著，醫師很快就給了我回應！

〔回答〕

初次見面，您好！

這應該是很痛苦的狀況吧。

的確，我們會因為各種原因而在職場中哭泣呢。

那麼，使用「哭泣」這個字詞時，一般認為，大多是因為悲傷的心情而湧現出眼淚。

可是實際上我們知道，「哭泣」這個現象，是因為感受到情感的大腦部位以及流眼淚的部位強烈結合在一起而出現的。

發生會讓我們情緒起波瀾的事件時，我們會為了生存而記憶那件事，拚命在腦中留下記憶，**所以是一種「透過流淚來記憶」的生理反應**。

例如對受到驚嚇的孩子來說，即便已經身處安心的場所，他們還是會暫時哭泣一陣子。

如此一來，那些孩子就會透過哭泣去強烈記住「危險、恐怖」的情感。

這樣的現象是一種生理反應，就像無法一直停止呼吸一樣，就算想停止也做不到。

因此，只要知道了**「人這種生物會為了強烈地記住某些事物而哭泣」**，或許多少就能感到輕鬆些。

在剛就職新工作時，有許多人都會因連自己也不知道的原因而哭泣呢。

然而，透過像這樣一邊哭泣一邊記憶，就會漸漸習慣環境、減少記憶事項，然後就不再流淚了。

看了回答後，我覺得內心有如被落雷擊中般。

「透過流淚來記憶的一種生理反應」

「人類會為了強烈地記住某些事物而哭泣」

若我沒有提問，或許一輩子都不會知道居然有這樣的觀點吧。

雖然此前我會不自覺地使用「我理解了」「我領會了」這些詞語，但這些真的可以用來述說我這瞬間的感受。

我覺得明天可以比平常更沉著冷靜地前往公司了。

雖然沒有證據，但即便或許又會哭，也能比今天更積極地哭泣了。

之後即便在公司哭泣，我也不會被「哭泣很丟臉」的想法給束縛住，因此反而增加了不會哭的時間。

我察覺到周圍人對我的看法也不同了。或許只是單純的錯覺，但我是如此感受的。
我認為我是想透過這樣的方法來記住自己的情感。

前言——順利馴服「情緒化自我」的方法

大家好。

我是精神科醫師 Icchi。

身為精神科醫師，我到目前為止為許多人做過診斷。

而我還有另一個身分。

我在網路上收集了許多「雖然煩惱，但還不到要去醫院的程度」這類「還未達疾病程度」的煩惱。

本來這些煩惱都是些會向朋友、家人、公司同事、地方社會的前輩們商量並解決。

可是如今的社會卻幾乎沒有發揮這樣的功能。

我覺得人們或是不想讓朋友及家人擔心，或是因為不要踏入私領域這樣的禮貌深入人心，於是變得較少能向身邊的人說心事。

此時，「網路上的輕鬆煩惱諮詢」就發揮了強力的效用。
匿名且不須要露臉，反而容易說出真實的想法。
話雖這麼說，網路上的資訊紛雜，有時也會被不負責任的回答給耍得團團轉。

其中，我的精神科醫師頭銜就有很大的優勢。
我想盡可能地成為許多人的諮詢對象，想給予人們有幫助的知識。
我因為這樣的想法而持續活動著。

在本書開頭，介紹了不禁就會哭出來的女性故事。
她所體驗到的，就是「理性的我」將「情緒化自我」理解為是「為了記住事物而流淚」的瞬間。

這樣的瞬間稱為「豁然貫通」的體驗。
我想讓你也實際感受到那種「豁然貫通」的體驗。

這本書就是為此而寫的。

●所有人都曾有「崩潰的時刻」

任何人都會有「搞不懂自己情緒！」的時候。

- 回過神來才發現，都在想些負面的事
- 對自己沒信心，提不起勁來
- 無法消除些微的煩躁不安，晚上也睡不著

就像是這些時候，或哭泣、或害怕、或憤怒，無法控制自己的心情。

腦中雖知道「再不行動就糟糕了」「總是覺得不安不太好」，但仍總是會被自己的情感給牽著鼻子走。

人的「情感」與「理性」比想像中的還要不一致。

例如，雖然醫師會說：「再瘦一點對健康比較好喔。」卻沒有人會立刻進行減重。

大部分人都會覺得：「說得那麼簡單，要能做到我早就做了！」

像這樣「大腦雖然理解了，情感上卻做不到」。

若腦中一直只有「情緒化自我」的狀態，終有一天心靈會生病。

一般所說的「情緒化（崩潰）」，指的就是像這樣的狀態。

「雖然我其實知道，但不想承認」

「雖然知道不可能，但還是想一直在一起」

「因為某人多嘴的一句話而讓我煩躁不已，不能專心工作」……

像這樣，因為「情感」與「理性」各自分開獨立，內心就處於不安定的狀態。

本書中就稱這種狀態為「莫名變得有點崩潰！」

大腦因為情感而念頭紛陳時，請試著只花一秒的時間把話說出口。

這樣一來就能神清氣爽地以俯瞰的角度來掌握自己的情況吧。

任誰都會有變得有點情緒崩潰的時候。

一開頭介紹的女性也是如此。

連身為精神科醫師的我也會有那樣的瞬間。

然而情緒化（崩潰）這個詞卻常被用於負面意思，像是「那傢伙很情緒化」。

我卻不這麼認為。希望大家能正視自己的腦內想法，認識到**「也是會有發生情緒化（崩潰）的情況」**。

這麼一來，就能將「情緒化自我」與「理性的我」連結起來。之後只要靠「理性的我」巧妙馴服「情緒化自我」就好。

這本書中會詳細說明此概念。

●「六人中就有一人」有點生病

你身邊有多少內心不安定的人呢？

根據日本厚生勞動省（類似臺灣衛福部）數據指出，現在日本有精神疾病的人至少有四百萬人以上。

全人口約有四％的人有精神疾病，精神疾病患者已成了日本五大疾病之一，這點成了現今的社會問題。

而在有精神疾病的人中，雖然沒有被診斷為罹病，但「有點生病、內心不安定的人」實際上是病患的五倍，據說有約兩千萬人以上。

我們稱有點生病的人、雖還沒生病但快生病的人為ARMS（At Risk Mental State，思覺過敏）。

這個ARMS是腦中稍微有著「精神不穩

定」，覺得生活不易的一般眾人。

「情緒崩潰」一詞之所以會傳播如此之廣的原因就在於它的方便性。「情緒崩潰」的使用成了做為針對似乎有點生病的人、話不投機的人的「侮蔑」，在社群網站上容易成為話題也加速了其發展。

「情緒崩潰」的範疇幅度非常寬廣，許多人都會認為自己正處在「崩潰邊緣」。

既然如此，我們就要以子之矛，攻子之盾。

●負面思考並非「壞事」

此處，重要的是「情緒崩潰」並非壞事。

任誰都會有心靈不安定或是有負面情緒的時候。

然而我們卻會像一開頭那位女性那樣，對自己的負面情緒感到恐懼、抱歉。

我做為精神科醫師，聽過許多人的故事。而多數人在提到自己的情感時，多會表示「很抱歉變得很負面消極」。

進行精神治療或諮商的目的是「接受自己擁有廣泛的情感，並能將之表現出來」。

可是有個社會性的建議（偏見）卻是「不可以負面思考」。

其實就心理健康的觀點來看，愈是擁有負面情感的人，透過接納，愈能獲得極大的好處。

因此冒出負面情緒時，就必須要有更進一步的思考。

人類悲傷或憤怒的情感，在一生中是很重要的元素。

而能接受這些情感，即是能讓心靈安定下來、最重要的「接納」過程的一部分。

若是勉強壓下自己的情感，精神就會反彈，變得不安定。反過來說，接納自己的情感或自我本身，就能獲得「滿足感」。

若是過於強調正面積極，並且勉強表現得很積極，將只會排斥掉人生的複雜性與「嚴苛性」。

此外，有時會因為渴求正面積極而不去看、不關心眼前的危機，導致該人的態度或想法**「過度樂觀」**。

而能解決這些問題的關鍵，正是客觀地看待自己「好像有點崩潰！」並且不要拒絕而是接受感受到負面消極的自己。

●改寫青春期的「思考慣性」

想整理大腦的想法，就要知道大腦的機制。

大腦中存在著「情緒化的你」以及「觀察著一切的理性的你」這兩者。

用譬喻的方式來說就是，既有著「情緒化且頑固的你」，但另一方面也有一個像是在看著電視節目的「觀察中的你」。

有時「雙親」也會擔任這角色。

在宗教深入人心的國家，「神明」也會發揮這作用。也就是所謂「老天爺在看著你」。

在良好的教育環境中成長，而且「雙親」或「好的宗教」有好好發揮作用時，人的內心就會比較穩定。

可是，每人際遇不同，不可能都在那樣幸運的環境下成長。
尤其在十多歲多愁善感的年紀，大多會被情緒化的自己給牽著鼻子走，養成「思考慣性」。
在線上找我諮詢的年輕人都多少在幼年時期或青春期時，養成了不好的思考習慣。
既然這樣，到了長大成人的今天，就必須來改寫這些習慣。

●「一切都是運氣」的謊言

或許有人會想：「就算這麼說，要改變自己是做不到的。」
面對這問題，讓我來告訴大家一些充滿希望的事情吧。

你是否曾聽過「父母扭蛋」這個詞呢？
概念就像是在扭蛋機購買（扭）扭蛋，是指「認為自己怎樣都無能為力的運氣要素」。

我們經常會聽到一句話：「孩子無法選擇雙親」，我們並無法選擇自己所出生的家庭以及獲得的基因。
這類概念被擴大，變成「要是身高高點、長得漂亮點、聰明點就好了」（基因扭蛋），或是「天生就身體虛弱，睡眠時間很短……」（體質扭蛋）。
這類各種人生的運氣要素，因無法選擇而顯現出弊病。
因此，以「因為運氣太爛」為藉口而放棄人生的人增加了。

的確，人生中有著無法改變的「運氣要素」。
例如幼年時期在非常貧困的家庭中成長，或是受到身體、性虐待而成長的孩子，與沒有遭受過這些經歷的孩子相較，明顯地在大腦發展以及精神上的成熟都產生有不少的弊病。
可是在人類歷史中，再沒有哪一個時代是比現代受到「運氣」的影響還少的了。

若是追溯人類歷史，人生由出生或身分來決定的事並不罕見。
距我們生活的現代不過幾百年前的日本江戶時代也有明確的身分制度。
印度、中東即使是在現代，仍一直持續著身分制度也是一個社會問題。
若從這些背景來思考，出現對「運氣」這個概念質疑聲浪的現代價值觀，反而在人類歷史中才顯得異常。
在曾經被稱為「一億總中流社會」*的日本，因為經濟格差擴大，似乎能看到至今所未見的「以差別為名的扭蛋」。

尤其我們會受到社群網站等網路的影響。

因為他人的生活變得更為「可視化」，我們就更容易將自己的人生與他人表面上的人生來做比較，並感覺到悲慘或受傷。

●靠「選擇」來克服命運吧

那麼，我們無法擺脫「運氣」嗎？

這個答案很明顯是「NO」。

例如即便是同卵雙生的雙胞胎，仍會因成長的環境或相處的友人不同而有不同的思考方式與性格，有時也會看到他們的嗜好與行動模式都不一樣。

最著名的例子可以舉出的有，本是同卵雙生的雙胞胎，在僅兩歲時就分開，分別成長於韓國與美國兩個不同的國家。

儘管擁有相同的基因，但人們卻發現，兩個雙胞胎的認知能力有顯著的差異。

在韓國長大的孩子，在關於知覺推論與處理速度的智能評估上獲得頗高的分數，在紀錄上是比在美國長大的孩子要高出十六分的高ＩＱ。

此外也可看出，雙胞胎的價值觀與生長環境也有很大的不同，在美國的孩子比較有「個人主義的價值觀」；另一方面，在韓國的孩子則有「集體主義的價值觀」。

從這個例子中可以知道，其實所謂的基因，會因為人類生活的「環境」以及「選擇」改變，明顯是比我們想像中有著更高的彈性。

我們的ＤＮＡ即便完全相同，**也能因應環境來做開關的切換**。

基因也就是設計圖，是人體為活動而製作的必要蛋白質，所以能切換開關，以因應在各環境、場合下合成適用的蛋白質。

這些開關中的其中一個，就是我們平常能感覺到「**幸福或不幸的深層心理**」。

例如，若處在有著強烈孤獨感或不幸的情感中時，罹患心臟病、阿茲海默症以及關節炎等有著這類發炎症狀的風險就會提升，而且似乎也會開啟容易染上病毒性感冒的開關。

控制這個開關的不是「與社會有多疏離」這樣的客觀事實，而是立基於「**本人感受到多少**

＊註：一億總中流社會，指日本約一億人口皆是中產階級。

孤獨感」這類主觀情感。

另一方面，開關也會因著幸福感以及滿足感等情感而運作。

因著這些積極正面的情感，就可以壓抑與炎症反應相關的基因，活化與抗病毒反應相關的基因。

我們在出生時因為基因扭蛋而被決定了許多事。

就這意義上來說，人生中的許多事或許都是在「出生時間點」就都決定好的。

但是另一方面，基因的作用也會受到該人生活方式極大的影響也是事實。

我們「在哪裡、和誰、怎麼生活」是非常重大的選擇。

●與父母分開之道

那麼要想擺脫來自父母的環境扭蛋該怎麼做呢？

這麼說是因為若父母所提供的環境很惡劣，有時也會在日後的人生中成為一大阻礙。

我的工作是精神科醫師，有時會覺得「為什麼明明是這樣一個好孩子，卻得生活在殘酷的環境中呢」。

因為創傷而無法相信人，或是擺脫不了忍耐的習慣而無法依賴他人，都會大幅度影響之後的人生。

但是，因為你自己的選擇也能減少受到這些環境的影響。

就像基因會隨環境變化一樣，你的思考方式、習慣、價值觀等也會因為環境的改變或是接觸到新的價值觀，感覺到「也是有這樣的世界以及生活方式啊」，而能做出改變。

十幾歲時養成的「慣性思考」在成為社會人後就該去除。

或許你會想：

「單能這樣想的人就是很幸運的人」。

「想做卻不能做，所以很痛苦」。

但是，也只有你能做出**「與父母分割，活出自己的人生」**的選擇。

不論是多理智的父母，被孩子頂撞，或是說了些不如己意的話時都會生氣。更何況被孩子指出「你的教養方式很糟」時，心情上會覺得自己被否定了，更難以接受。孩子無法說服父母、無法與父母對話，像這樣的親子關係確實存在，所以我們不是要勉強改變父母，而是應該先採取守護自己的選項。

「可是我無法拋下父母不管」，或許也有人有類似這樣共依存的情感，但**比起對父母的罪惡感，最優先事項是讓自己變幸福**。

如果真的想要援助父母，首先你在生活上、精神上要有能支撐父母的餘裕。為此，你可以考慮先搬出來一個人住，與父母保持距離、守護自己。

人生就是不斷地扭蛋，就像因為「不抽煙」能降低罹患肺癌的機率，你也會因為「每天做點運動」這個選項，讓自己稍微變得健康些，這些都是一連串的選擇。

只要你持續做出選擇，父母扭蛋對你的影響就會逐漸消失。

不要因為運氣而放棄，趁現在改變自己的想法吧。

這也是本書的其中一個概念。

●「人際關係重置症候群」的習慣

前述建議各位的生活方式是與父母做出分割，以下要順便提那些缺點。

你應該曾有過「啊～真想重置跟那個人的關係啊……」的想法吧。

棘手的上司、囉唆的雙親、相處起來變尷尬的朋友。

我們被麻煩的人際關係所包圍著，而且在毫無徵兆下就嶄斷了那樣的人際關係。

以網路為主，一般會稱呼有那樣習性的人有「人際關係重置症候群」。

或許各位會想「若能嶄斷麻煩的人際關係不是很好嗎？」

但若是毫無徵兆就突然放手，之後會產生困擾。

因為不論是交情好的朋友，或是會擔心自己的家人，就連對自己來說重要的人，都會簡單地就切斷與對方的關係。

「維持人際關係好累」。

「總之就是想待在自己一個人的世界裡」。

因為那樣衝動的理由而斷絕一切關係。

「人際關係重置症候群」的狀況若過度，就會陷入非常棘手的狀態。

所有人都會和職場或朋友等有連結，所以應該也都會有感到「沉悶」的時候。簡直就像是麻煩的翻花繩一樣，人際關係互相交纏。為了解開那樣的交纏，就要切斷、解開人際關係的線。

因為「重置」，心情上會稍微感到輕鬆些，也會感覺到好像被拯救了，但在那個時候，我們會養成習慣，重複這樣的舉措。

「理智的我」認為不要切斷關係比較好，可是「情緒化自我」卻渴求重置……。

本書對改善這個問題也很有幫助。
書中將會仔細解說清除那彆扭的方法。

那麼，本書將會以精神醫學的知識為基礎，告訴那些因為在幼年時期或青春期創傷而導致「放棄改變自己」的人解決技巧。
這本書正是為了要消除慣性思考並踏出「還是想趁現在改變自己」這一步的人所寫。
入口就是，察覺**「大腦好像有點崩潰！」**的瞬間。
請務必閱讀本書以了解自我療癒的方法。
讓我們一起創造出能讓「情感」與「理智」一致化的「豁然貫通」體驗吧。

精神科醫師 Icchi

目錄

前言

順利馴服「情緒化自我」的方法

第1章

大腦會有陷入「崩潰邊緣的時候」

第2章

培育「理性的我」的方法

第3章

擺脫「崩潰時刻」的六個故事

第4章

應對棘手的「情緒化自我」的方法

第5章 讓心靈在往後的日子裡都「一直安定下來」的智慧

第 1 章

大腦會有陷入「崩潰邊緣的時候」

所有人都會有

「雙眼被蒙蔽」的時候

一聽到情緒崩潰，或許各位腦中會想到某位特定人物。

可是來試著看一下其特徵吧：

- 會有情緒不穩的時候
- 會有極端思考的時候
- 不擅長與人溝通

看了這些就會發現，**其實「所有人都曾有過這些感受」**。

因此，為了讓大家感受到這其實和自己息息相關，以下我要來介紹某位女性的故事。

該名女性的家庭環境有些複雜，雙親沒有發揮功能，是在「失能家庭」中成長。

她的幼年期住在只有一間房間的公寓中，與偶爾會歇斯底里的母親以及幾乎不在家的父親一起度過。

從國小起，她似乎就自覺到有「要是沒有母親就好」與「想向母親撒嬌」這樣矛盾的情感。

某天，她的班上發生了失竊事件，而她被懷疑是小偷。

她雖然否認，但有多位同學都作證說「有看到她偷東西」。

她以為與自己最要好的朋友，卻會在社群網站上用祕密帳號來誹謗、中傷她，而把那些話當真的同學們就告發了她。

她體驗到了被最好朋友的背叛，覺得不論是在家還是學校，似乎都沒有自己的容身之處。

於是她認為「**世界上只有我沒有容身之處**」，內心好像有什麼東西突然崩塌了。

之後她開始破壞家中物品，並傷害自己。

以割腕、服藥等傷害自己的行為為開端，她在十八歲離開家後，輾轉與多位男性同居生活，但即便如此，她的內心仍無法感到滿足。

她始終都覺得很孤獨又不安，不論是和誰在一起都感到空虛，甚至會想著：「**自己總有一天會被拋棄！**」

可是這樣的她通過「接受」的過程，變得能對情緒崩潰讓步，漸漸能獲得「安心感」，也透過「增加察覺」的過程來接受。

於是即便是像她那樣原生家庭環境不好的情況，也隨著成年後想法的改變而獲得了重生。

透過她的經驗，我想要告訴大家的是，情緒崩潰時刻之所以會持續，是出自於「**環境或創傷是誘因才導致看不清楚自己**」這種理所當然的反應，所以是任何人都有可能發生的。

後續會再談到相關的方法論，首先請知道這件事。

該如何克服
崩潰時刻呢？

讓我們來進一步了解崩潰吧。

在社會中若有以下的背景狀況，就會讓人感覺難以生存下去。

- 過去的創傷
- 家庭關係
- 霸凌
- 感覺過敏
- 溝通障礙
- 成年兒童
- 戀愛恐懼

不正視這些背景問題而去依賴藥物，或採用正念或自我肯定感等方法，只能暫時性地解決問題。

在這些方法中都缺少了一個前提條件，那就是「正確了解自己」。

要客觀且正確地評價自我，或許比起用說的，實際去做會更難。

前述的女性因為「察覺」到了有否定自我的思考模式，了解自己想法的偏差，才漸漸能調整心態。

她獲得了「如從第三者的角度般來評價自己的觀點」。

能做到這樣的第一步就是要在瞬間察覺到

「大腦好像有些情緒崩潰！」

近年來，我們稱能讓內心恢復平衡的力量為「韌性」。

這分力量無關乎天生的能力，明顯是靠後天學會的。

以下的十個方法就可以學到這分能力。

- ① 構築溫暖的關係
- ② 不要認為無法克服問題
- ③ 接受有能改變也有不能改變的事
- ④ 設立現實的目標並前進
- ⑤ 自己做決定

- ⑥ 就算失敗，也能從中學習
- ⑦ 自我稱讚積極的想法
- ⑧ 擁有長期的視野
- ⑨ 持續懷抱希望
- ⑩ 自我憐憫

話雖這麼說，但也不用全都做到。

從中「選擇『情緒化自我』想要的並由『理智的我』來給予」的立場很重要。

詳情會在第六十頁之後的例子來各別說明。

人類的大腦可說是非常精巧的電腦，能對欠缺的東西發出信號。

若缺水就會感到喉嚨乾渴、熱會流汗、為消除孤獨感而渴望肌膚之親。

首先請記住，了解自己、填補不足的部分就是在內心呼喚平靜的行為。

「情緒崩潰時刻」有六種類型

我們很喜歡將一些顯眼的個性放在特定化的框架中做「分類」，例如阿宅、性格陰暗的人、山女孩[*1]、萝女[*2]等。

因為與許多人見面的機會變多，事先了解對方與自己的情況，成為一種減輕與初次見面的人交談時的不安防衛手段。

藉由將自己「分類」來確定自己是怎樣的人，也比較容易自我介紹並減少彼此的不安。分類能讓人際關係變圓融，是類似於能減少不安的名片或訊息小卡等的方便工具。

另一方面，卻也有可能產生出**「自己這種人無法改變」**的偏見。

常見的偏見是「血型占卜」。

像是「A型是很認真的人」「O型是很粗心的人」這樣的偏見就很根深蒂固。人們有一個心理上的特徵，就是會認為適合所有人的分類是為了自己所設。

在此的分類並沒有那麼極端。

因人而異，也是有人非常符合其中一種類型的。又或者有人是勉勉強強符合所有六種類型。

「情緒化自我」出現時，靠著「理智的我」試著去思考一下自己的情感是很重要的，例如

「現在的焦慮及煩躁是哪種類型的呢？」

而其六種類型分別是：

● 1　立刻會討厭起人來（極端型）
● 2　過於喜歡某種事物（依存型）
● 3　覺得一切都很空虛（空虛型）
● 4　沒有自信（自我同一型）
● 5　無法止住焦躁不安（爆發型）
● 6　隨便怎樣都好（自我破壞型）

接下來將一一說明每種類型。

首先請大致閱讀一遍，試著想一下自己是否有那樣的瞬間。

第一個「情緒崩潰瞬間」是對人的評價或情感變得極端時。

＊註1：指的是以登山或健行為興趣的年輕女性。特別是指穿著山系短裙、色彩繽紛的小物等，一邊登山、一邊享受女性化裝扮的人。

＊註2：指把自己或自創角色代入故事中，與喜歡角色互動。

1

立刻會討厭起人來

（極端型）

例如對方只是稍微對你親切了點就忘不了那個人，或是喜歡上那個人。

若對對方是因著「喜歡」的情感而正向作用時就會想著「希望對方更喜歡自己、對自己溫柔親切」並且能更積極接近對方。

可是一旦稍有一點對自己不利的部分，就會變成極端的負面思考。

只是因為訊息回覆晚了一點，就認為對方「打算丟下我！」或是因為那分反作用力而去束縛對方。

如果和那人分開了，就會進行激烈的追擊或中傷對方，受到**「要緩和自己所感受到的傷痛或糾結才甘心」**這樣強烈的衝動所驅使。

最後就會被貼上引發人際關係麻煩或問題的危險人物標籤。

這樣的極端不限於戀人之間，會強烈地表現在「對自己來說是必要的人」，例如親子、上司、部下或是喜歡的藝人等，而我們稱這樣的想法為**「極端型」**。

這時候所欠缺的是在第五十六頁那十個中的①構築溫暖的關係及②擁有長期的視野。

之所以會形成極端型思考，其背景是極度地恐懼受到他人傷害或是被拋棄，有「對人不信任感」。

「討厭人類」是一種防衛機制，是為避免自己受傷或是被捲入痛苦中。防衛機制是因為過度的緊張狀態或過去的創傷而反應過度。

不僅是人，事物隨時都在改變。

誠如天氣有晴有雨，人的評價或情感也會改變。事情有好也有壞，就連喜好的評價也無法完全分清是「一百或零」。

例如電視上的知名人物或偶像明星犯了點錯或引發問題，就會感覺到「被背叛」了。我們就會突然覺得那個人創作的作品或歌曲等非常令人作噁。

作品本身明明沒有任何變化，你對它的評價卻改變了。

這個例子就顯示出了人類這種生物的「先入為主觀」有多麼強烈。

那麼，我們試著來思考一下「⑧擁有長期的視野」吧。

若是現在無法馬上做到，那就試著想一下「一年後或許有可能會喜歡」。

只要試著這樣思考一秒，就能迴避掉衝動的攻擊。

2

過於喜歡某種事物（依存型）

第二個「情緒崩潰瞬間」是透過依賴某件事物以解決寂寞等情感。

「依存」不僅容易依賴酒精或藥物，也會對食物或人產生依賴。

例如以下的情況：

「把選項全都交給別人，自己不提出解決辦法」。

「要依賴別人才能消除不安的心情或煩躁不安」。

一般來說，「依存症」的程度是使用特定物質或行為時，成為對身體上、精神上來說不可或缺的狀態且自己無法控制時就會被診斷為疾病。

這裡所說的有點情緒崩潰的「依存症」與那樣的依存症有些不同，**主要是指一旦沒有了精神上的依靠就會不安，就廣泛意義來說，是「依存體質狀態」**。

極端討厭要一個人去做某件事、一沒聯絡上特定對象就會不安，或是沒有依賴對象就會感到焦慮。

很多人應該都符合像這樣的依存體質。

當然這不能說只限於人際關係。

應該也有像是車子、工作、手機中儲值的錢等一離開身邊就會覺得焦躁或不安的情況。

因人而異，這個依存體質的程度會不一樣。

輕度依存任誰都有，但若是到了會認為「沒了這個就會死！」的程度就麻煩了。為了緊緊維繫與對方的關係，就會發怒又哭泣、做出極端的言行，甚至有去借錢而加速毀壞自己生活的風險。

此外，陷入「**依存著依存本身**」這樣的狀態也不少見。對於要停止去依存某件事物會感到恐懼，而且生活都崩潰了，卻仍將現狀正當化並把責任推卸給別人。

這樣一來，就會看不到依存的問題。導致這個瞬間的原因就是「視野的狹窄」。

「要是沒了這東西，我就活不下去了。」

「要是沒了那個東西，人生就沒了意義。」

恐懼於會失去如此極端又狹隘的價值觀以及選項正是「依存型」情緒崩潰的真面目。以下是兩個能應對這種狀況的處方箋。

- ⑤ 自己做決定
- ⑦ 自我稱讚積極的想法

試著去做這兩點很重要。

之所以會形成依存症，其原因是「**過去曾有被救贖的經驗**」。

例如在班上遭受霸凌時，若有鼓勵自己的戀人或朋友，就會感到非常放心。

同樣地，從過於嚴苛的工作或家庭中壓力轉逃入能讓人鬆口氣的酒精或香菸、柏青哥等體驗，也會給人一種安穩感。

若能適度看待這些體驗，讓其成為「明天也要好好努力」的糧食並能自我控制就沒問題。

但是，若身處過於痛苦的環境中，且過於深信自己是無處可逃時，思考就會很跳躍，認為**「只要有這個就能讓我忘了痛苦！」**形成依存的契機。

人類若是有了因某件事而能擺脫壓力或痛苦的經驗，就會對之做出過大的評價。

然後認為解決方式就只有那一個，看不到其他的解決法。

試著具體思考一下如前述那樣的「⑤自己做決定」「⑦自我稱讚積極的想法」。

為此，「**不要只依存一件事物**」或「**增加依存對象**」就很重要。

做某個決定時，試著不要去依賴任何人，靠自己來決定吧。

從在餐廳決定要吃什麼為首，你是不是都在對他人察言觀色呢？

這習慣得修正過來。

此外要能從「要是沒了這個會死！」的狀態轉變成為「還有其他東西，沒問題的」這樣的狀態，**就要有約三樣喜歡的東西。**

我們要這麼做，並將擺脫強烈依存設為目標

3

覺得一切都很空虛

（空虛型）

第三個是沒有幹勁，好像總在發呆放空的情緒崩潰。

相信應該所有人都曾經對周遭事物極端的不關心、無所顧慮。

人在精神上受到過度傷害或是在過於痛苦的環境下要讓自己能活下去，所以具備有「刻意**對恐懼或悲傷的情感鈍感**」的功能。

尤其人類的大腦中有掌管情感的部分。目前已知「杏仁核」會因為痛苦體驗而過度活動。若是一直走在過於嚴苛的人生道路上，內心會失去餘裕，在成長過程中就會刻意壓抑自己的情感。

像這樣的「空虛型」情緒崩潰，特徵就是別人跟自己都難以察覺。

乍看之下，**只會讓人覺得那個人的情感不太外露而已**。

可是實際上，或許他們內心的想法是「活著莫可奈何」「對自己而言，沒什麼活下去的價值」並感到很痛苦。

這樣的情況如果發展過甚，甚至會變得毫不在意周遭人的評價或社會的規範。

就算人們溫柔對他也無法做出反應，對服裝、外表也無所顧慮，完全無法做到「對他人有所期待」。

因為想著「反正都會被拋棄」，於是會以守護自己、放棄為優先。

若情況變成這樣，就無法與他人建立起良好的關係。

因此重要的是統整以下兩點：

- ① 構築溫暖的關係
- ⑨ 持續懷抱希望

你是否在過去曾有類似親近的人離開，或是被背叛的喪失體驗呢？

為了能克服這些，我們必須透過與人會面或是改變環境來刺激大腦。

例如一直在相同職場、相同環境中工作的上班族，會像燃燒殆盡般失去幹勁或工作欲望。

人若是持續待在同一個環境或總和相同人會面而生活，大腦就會漸漸感覺到有壓力。

會產生「**什麼都沒有也是一種壓力**」的念頭，並且心情低落。

而在心情沮喪的同時，大腦為了獲得新鮮的刺激，就會將對現狀的些微不滿看成是一大問題，產生「**我為什麼這麼不幸！**」這樣悲觀的想法。

正是看起來什麼問題都沒有的人，才會因為沒有問題而無法獲得刺激，陷入有些憂鬱的燃燒殆盡狀態。

正是這樣的人才須要將新刺激引入大腦。

有部電影叫《沒問題先生》。

該部電影的劇情是，主角認為「ＮＯ」的口頭禪是悲觀的思考，為了改變人生，他透過「對任何事都回答『ＹＥＳ』」漸漸地過上了有意義的每一天，並改變了人生。

這位主角本來是位有著悲觀想法的平凡男性，但透過刻意選擇樂觀的選項而獲得了產生希望的力量。

現實也是一樣。

透過刻意做出相反的行動，定期給予大腦刺激，就能從根本上改變想法。

要能帶給自己如前述的「⑨持續懷抱希望」，一開始的第一步很重要。

有人邀請你但你覺得很麻煩時，至少也要試著用正面的話語來回覆，例如：

「如果能去我就會去唷。」

請試著增加能遇見新的人的機會。

那一瞬間的判斷將會帶給你往後的人生一大變化。重點是，不要僅讓「好麻煩」這樣的念頭破壞那樣的可能性。

4

沒有自信
（自我同一型）

第四個情緒崩潰是出現在喪失「自己就是這種人」這種身分認同（自我同一性）的瞬間。

所謂的身分認同就是像：

「說到人種，我是日本人」。

「說到家族關係，我是母親」。

「說到出身地，我是關西人」。

這種表示自我的認知，是比前述「空虛型」還要高一級的煩惱。

「存在證明」可說就能展現自我風格。

誠如前述，分類能像交換名片那樣，有讓人際關係變圓滑的效果。若是能讓自己與他人都比較容易了解的身分認同，在某種程度上是能很簡單就看得出，但是卻有很多人都煩惱著「**自己到底是什麼呢？**」

要證明像是個性或獨特性那樣的「自我風格」這種自我同一性非常難，尤其在人生經驗較少的年輕人身上很難看得出來。

「自己的興趣是什麼呢？」

「我是喜歡挑戰還是偏好慎重行事呢……」

「自己想做的事是什麼？」

就像這樣，很難找出自我同一性。

而且自我同一性動搖時，人的內心就會不安定。

專注於工作的人，在上了年紀辭去工作後，會開始喝很多酒並總說些悲觀的話。

所謂的自我同一性，換句話說就是人的核心，是支撐人的中柱。

正因如此，**若沒有自我同一性，有些情緒崩潰的人就會變得不安定。**

碰到像這種「自我同一性」的問題時，試著去做以下兩點很重要：

- ③　接受有能改變也有不能改變的事
- ⑦　自我稱讚積極的想法

任誰都會有碰上煩惱自我同一性的時期。

我們會用「**暫緩期**」來表現這個時期。

人要能安心地生活，就必須擺脫暫緩期，「察覺到」自我同一性。

就他人來看，即便你是「超級開朗的社交高手」，但若你自己沒有「察覺到」那樣的狀態，就不會有自我同一性。

因為自我評價過低或是沒有自信，有時也會無法接受自我同一性。

不過，**一個人的短處或缺點，就不同看法也會成為長處或獨特的個性**。

自我意識強、不聽人說話的人，只要改變看法，有時也會變成為「獨立心很強」。悲觀又優柔寡斷的人只要改變看法，也可以想成是「慎重又會打小算盤」。

有邏輯地來看待自己的自我同一性並進行活用，以持續進行「產生出自信」的積極反饋很重要。

有名女性年輕時候非常不安定，曾想著：「我就是個沒價值的人吧。這樣的我就算活著也是浪費時間，好想死……」但她在漫無目的生活、結婚、生子後，突然就生出「**為了孩子，絕不能死**」的念頭，內心就安定了。

這是透過成為了父母而在自己內心產生出了「孩子」這個強烈的核心。

不過自我同一性像這樣強烈地扎根時，一旦孩子成長並想要獨立，就會被不安感侵襲。

孩子對自己來說是全部自我同一性的人，在失去孩子時也會遭受極大的不安侵襲。

正因如此，才需要「③ 接受有能改變也有不能改變的事」。

首先，請認定，**「我的身分認同是○○」**。

盡可能選擇積極正向的話語。

訣竅就是聯想到「面試」。

在面試的場合中會要求面試者，不論是什麼事，都要回答出「自己的魅力點」。

不是「自我中心的性格」，而是「由自己來決定的性格」。

不是「不沉著冷靜」而是「有敏銳的覺察」。

就像這樣，**不論任何事應該都可以轉換成正面的說法**。

透過迅速做出這樣的判斷，就能接受無法改變的事並稱讚積極正面的自己。

5

無法止住焦躁不安

（爆發型）

第五個是無法抑止煩躁不安，失去從容不迫。

在憤怒爆發的瞬間，我們什麼都感受不到，只會不斷吐露出情感。

不過，若沒有發洩怒氣的對象，或是等時間經過，情感收斂起來後，憤怒就會消失，同時會有極大的疲憊感襲來。

「啊～我為什麼會那麼煩躁不安呢……」

若是像這樣無法控制爆發的情感，在公司或學校等地就無法適應，會被孤立、樹立敵人，難以維持社會活動。

而且情感的方向性不止是「憤怒」，還會表現出「悲傷」。

無法控制自己的情感，不禁就會在人前哭泣，引致周遭的混亂，讓人費心，之後就會對此感到羞愧而無法工作。

像這樣的情緒崩潰就是「爆發型」。

一般人應該會想避免無法控制自己的情感，並對此感到後悔或留下討厭的記憶吧。

處於這類型時大多是以下兩點多有不足：

● ① 構築溫暖的關係

● ③ 接受有能改變也有不能改變的事

像憤怒或悲傷這種會表現出來的情感，本來的功能就是「守護自己的防衛機制」。

防衛機制指的是，**為求內心的安定而想要減弱或避開不愉快體驗的心理反應。**

這是所有人都有的。

所有人在感受到恐懼或是不安時都會緊張。

若不安很強烈或甚至是感受到恐懼時，防衛機制就會強力運作。一般來說是像守護我們，也就是會通知有危險的警報器。

這個防衛機制本身是能保持內心平衡的重要功能，但若是變得崩潰而使得防衛機制無法順利運作時，緊張的弦就無法鬆緩，這個警報器就會時常作響。

因此，立刻就會因為自我防衛而生氣或哭泣。

處在這樣的狀態下，將難以過上日常的生活，且被疏離。

心懷像「憤怒」那樣的情感時，有個人能在事後來陳述那項事實很重要。

這就與前述的「① 構築溫暖的關係」有關。

不要在當場發洩憤怒，而是在之後止住怒火。
為此，就要與朋友建立起「相互傾訴」的關係。
為了在發生突發狀況時能向朋友傾訴，在你有精神時也要去聽朋友傾訴他的憤怒。

冷靜時經常都是處在「理性自我」的狀態下。
所以聽到他人的諮詢或煩惱後，會想著「那也是沒辦法的呢」。
容易察覺到事物「有無法改變的部分」。
透過事前練習，在自己湧現憤怒之情時，也將能容易接受「有無法改變的事物」。

6

隨便怎樣都好
（自我破壞型）

最後的情緒崩潰瞬間就是「無法停止傷害自己的行為」時。

所謂的自我傷害或許會讓人聯想到像割腕那樣，但其實不只是如此。飲酒或抽煙過度、極端減少或增加飲食量，又或是主動破壞工作的企劃專案、故意去和會傷害自己的人來往、毀壞與關係好的朋友或家人間的人際關係……。

這些我們知道會帶給自己痛苦的行為也是「**自我破壞型**」的情緒崩潰。廣義來說，是「自我破壞欲求」過於強烈的瞬間。

其實只要是人，都有著輕度的自我破壞欲求。

例如明明要減重卻還是吃了甜食的瞬間，又或是已投入了很多金錢，卻還是繼續幫手遊課金。

雖然知道做某些事對自己來說不好，卻還是停不下來，在這種欲求的背後就有著輕度的自我破壞欲求。

不過，自我破壞欲求會因人而異。

若是在沒有違反社會規範的程度以內，是能受認可的，但會給個人又或是他人帶來危害時，就必須修正。

這時候，絕對不可以說的是「不要再犯了」「請和我約定別再做了」等撇清關係的話。
要是能立刻停止自我破壞的行為，人們也就不會如此辛苦了。
不論以多強大的意志想著「下決心不再做了」也停不下來。
因為會不斷重複，就會產生出「自己沒能守約，怎麼會這麼沒用呢」的自責感。

此時我們需要的不是情緒性的自責，而是理性思考「為什麼會進行自我傷害的行為呢？」
人類也是生物，所以不會想傷害自己也不想死。
儘管如此卻仍會重複自我破壞的原因就出在「生物學上的特徵」。
所謂的自我破壞，是理解自己的過程，簡而言之，就是「重新設定自我的開關」。
任誰都會做出喝酒、浪費金錢與時間等輕度的自我破壞，然後藉此從每天的疲勞與鐐銬中恢復精神。
就如同運動會流汗，給予大腦非日常性的刺激，也能像按下自己的重新設置開關一樣。
正因如此，在那瞬間所需要的就是⑩自我憐憫。
成為自我破壞型的瞬間，是從「重新設置的方法與他人稍有不同」的看法開始的。
只不過，「滿足自我」看似簡單實則困難。

人類一旦習慣了強烈的刺激，就不會再去體驗較弱的刺激。

若是過著高壓的生活，就是處在持續給大腦刺激的狀態，會喪失現實的感知，也覺得自己不像自己了。

於是，為了擺脫那樣的壓力，就會做出**「自我破壞以重新設置」**的過頭行為。

首先，自我破壞本身並不是件壞事，要認知到**「只是做法有些偏離常軌而已」**。

例如，減肥是在與自己的欲望戰鬥，單只有強烈的念頭是不會成功的。

此時必須要和同伴或朋友一起利用其他事項來抒發壓力。

要在飲食之外，一一增加重新設置自我的開關。

不要只有「只能這樣做！」的狹窄視野，以輕鬆的心情去嘗試從朋友那裡聽來的消除壓力法很重要。

那麼，到目前為止，我們已經介紹過了六種「情緒崩潰時刻」的類型。你是否有掌握住**「好像變得有點崩潰！」**時「情緒化自我」的特徵了呢？

此外，面對「情緒化自我」時，你是否能用「理智的我」去應對的感覺了呢？

我將會在第一章的最後來介紹能「察覺」的方法。

只用一個方法就能區分「理智的我」與「情緒化自我」

到前項為止，我們提到的六個「有些崩潰的瞬間」如下：

- 對人不信任
- 過去曾有過救贖體驗
- 有過類似被背叛的喪失體驗
- 為守護自己而形成防衛機制
- 形成「重新設置自我的開關」

不論哪一個都有一個共通點，那就是無法順利處理曾經發生過的創傷。

與其說是眼前發生的問題，其實是因為長久、習慣成自然的想法才引發了現今的麻煩。若過於著眼在現今發生的問題，就無法從根本上「察覺」自身問題的原因。

因此，我們必須暫時跳出固有思考與解釋的框架，以「為什麼自己會有這樣的想法呢？」的客觀態度審視自己。

透過反覆練習，即使變得情緒化，理智的自己也能採下煞車，想著「現在要是把這句話說出口，就會把關係弄僵了」。

這麼一來，就能站在「要是下次發生同樣情況時該怎麼做比較好？」的視角了。

這一連串的過程就是通往「接受」的歷程，也是克服情緒崩潰的瞬間。

在此問大家一個問題。各位是否看過以下的實驗？將黑猩猩關入籠中，在籠外放置香蕉，同時在從籠中可伸手觸及的範圍內放短棍，以及在從籠中無法伸手觸及處放長棍，接著觀察黑猩猩會怎麼拿取香蕉。

最後的結果是：「黑猩猩拿短棒拉近了長棍，然後用長棍拿到了香蕉。」

這個心理學實驗非常有名，但人們卻都還不知道其本質為何。

這個實驗不止是想試試看黑猩猩是否有智慧去拿取

香蕉，實際上還是個能得知「察覺」的實驗。

一開始黑猩猩不斷失敗，直到成功之前都重複失敗、學習，並想著要拿到香蕉。而且有好幾隻黑猩猩都曾使用短棒拉近手碰不到的香蕉，但是失敗後就在籠中做出大鬧等粗暴的行動。

可是最後拿到香蕉的不是歷經多次失敗後的黑猩猩，而是「在一旁看著的黑猩猩」。

在環視周遭其他黑猩猩重複歷經了失敗後，牠突然使用短棒去拉靠近籠外的長棒，然後再用長棒成功獲得了香蕉。

我們類人猿若是過於陷在眼前的問題中，就無法察覺到周遭的事物或還有其他解決方法。

這時候，試著拉開距離來看自己的模樣，就能增加資訊，「察覺」到能解決問題的必要步驟。

不要想著要立刻解決眼前發生的痛苦事件，而是要有個暫時停下來思考的過程。

「書寫行動」的訣竅

那麼，該怎麼做才能使「情緒化自我」順服於「理智的我」呢？
那就是書寫有關自己的事，亦即「寫日記」。

不過有一點要注意，亦即愈寫就愈是會區分成「理性書寫法」與「情緒化書寫法」。
某日，若是順著情緒來書寫一天發生的事情時，就會變成「那傢伙真令人火大。那傢伙太差勁了。給我消失算了！」這樣會造成反效果。

那麼，該怎麼做才能用「理智的我」來書寫呢？
訣竅就是**從第一人稱轉為第三人稱，並且用過去式來書寫**。
不要使用「我」這個詞，而是用「你的名字」來寫文章。

不要寫「我很生氣」，而要寫成是「〇〇（自己的名字）很生氣」。

只要這樣做，就能擁有與「情緒化自我」拉開距離的視角。

煩躁消除不了、無法改善焦慮時，請試著像這樣「用第三人稱的過去式來書寫」吧。

這麼一來就能鍛鍊「後設認知」。

後設認知就像是以神明的視角俯視自己，或是操作遊戲中角色那樣，將解釋說明稍微從自己身上移除，並製作新的框架。

如此就能獲得像第三十一頁插畫中角落視窗的那種視角。

依此，就能完全將「情緒化自我」與「理智的我」區分開來。

那麼來統整一下之前的內容吧。

情緒崩潰是「所有人都曾有過的感受」，希望大家能理解，在那當下不過是無法做出恰當的判斷罷了。

第一步就是要察覺「好像有點崩潰！」並且客觀地觀察自己偏向於六種情緒崩潰類型中的哪一種。

然後從能提高韌性能力的十個方法中選出適用的來進行。

在此，要能變得理性，「書寫」這個行為很有效。

利用「用第三人稱」「過去式書寫」的方法，來獲得與「情緒化自我」拉開點距離的視角吧。

在下一章中，我將要介紹培育「理性的我」的方法。

第　2　章

培育「理性的我」的方法

該如何駕馭「情緒化自我」？

「情緒崩潰時刻」就是無法正確看待自我，覺得活著很痛苦的時候。

要擺脫這樣的狀態，就必須增加「察覺」，並開始「接納」自我。

接著要告訴大家察覺到「大腦好像有點崩潰！」後接下來要做的行動。

誠如目前為止所敘述過的，「理性的我」在駕馭「情緒化自我」時，我們的狀態會是「體驗到豁然貫通」「滿足」。

可是，在此前的人生中，應該任誰都感受過「雖然邏輯上知道，但無法由衷認同！」這樣的矛盾吧。

例如你找朋友商量「金錢上的困難」。

即便從朋友那裡獲得了「因為你太亂花錢了，稍微控制一下支出會比較好喔」的建議。

但你卻可能會在內心反駁「就算你說得那麼簡單，也很難辦到」。

可是只要仔細回顧就會發現，自己是不是用了有點貴的洗髮精、電話費很高、買不停吃不停、花在喜歡的遊戲或支持偶像的費用很多……。

可是，我們會認為這全都很重要，要是捨棄，就會失去活著的意義。

大腦覺得朋友的回答是比較有邏輯且「可能是正確的」，但因為「雖然知道但不想做」的情感面上抗拒，就無法做出選擇。

「要是這樣做了，就能活得更輕鬆了呢」的選項，在生活中應該會出現很多。我們一般會用「不能由衷接納」來表示像這種順著情感而主動削減了選項，而且心情上煩躁不安的情況。

覺得活著很痛苦時，就是「理性的我」與「情緒化自我」之間產生了鴻溝，並感受到了莫名煩躁焦慮的心情。

「其他人很『恐怖』，所以無法從事服務業」。

「那個人很『討厭』，所以不想和他接觸」。

「雖然是不好的習慣，但因為『喜歡』而改不掉」。

我們要填補這道鴻溝，讓「理性的我」接納「情緒化自我」，做出「由衷接納的理解」，才能活得更輕鬆。

以下我就要來介紹能做到這點的方法。

只要在「理性的我」加上「〇〇」就好

「理性的我」要能駕馭「情緒化自我」需要的就是「自信」。

世界上有「自信」的人似乎不多。

「真希望能長得更漂亮些」。

「要是能更有錢就好了」。

「真想生在一般的家庭」。

在大腦中，雖然知道至今自己都沒能改變，但內心卻仍會自我嫌棄：「像這樣無法改變的自己真討厭！」

這類理性與情緒間鴻溝愈大的人，愈是經常會感受到「莫名的不安」。

讓我們來解決這道鴻溝，接納自我吧。

美國的精神醫學表示，要能認同、理解某件事，**轉動「認知」「情感」「行動」的三角形很重要。**

因為有著先入為主的觀念，在腦中自然生出了「好討厭」或「不喜歡」的情感，就會錯過機會或是做出錯誤的選擇……。

轉動三角形的方法是能消除慣性思考，且合理又輕鬆生活的方法。

假設你的公司裡有項你非常想做的大型企劃專案。

可是若你有「要是失敗了，或許會給周遭添麻煩」「或許會像之前一樣失敗」這些先入為主的想法，那麼就會猶豫不決。

在猶豫不決時，其他同事就會取得機會，造成你又失去自信，並想著：「自己怎麼會這麼沒用呢？」

應該有人是像這樣無法擺脫負面循環。

因此，若是自責：「沒有自信的自己這麼沒用。」就會一直處於「情緒崩潰狀態」。視野只要稍微狹窄一點，就難以看見問題的本質。

因為此次失敗的原因並非「沒有自信」，而是擅自先入為主的認定「或許會失敗」。

為了不刺破「自信的氣球」

只要能重複體驗到成功，任誰都能擁有自信。

自信的概念是飄忽不定的，很容易受到當下情境或氛圍的影響。

一個人雖沒有自信，但只要受到朋友鼓勵，或是覺得昨天看的電影主角形象跟自己重疊，就會增強或減少自信。

我們經常在說的「情緒高漲」也可以說就是「自信」。

就像獨自一人無法惡作劇的小孩，若處在朋友群中就會突然引發大事件一樣，因為團體心理或各種各樣的外在因素，自信就會像氣球一樣變大或變小。

對此，先入為主的觀念就像尖銳的「針」般，雖不顯眼，卻會一刺刺破好不容易膨脹起來的自信氣球。

即便努力讓自信膨脹起來，也會因「反正都會失敗」「這樣不是很丟臉嗎？」而破洞且立刻癟下去。

一旦陷入惡性循環而看不到問題的本質，就算想要吹大有洞的氣球，自信也難以變大。

那麼，若是把針拿走呢？

一開始雖然不太會膨脹，但花點時間填補破洞，漸漸膨脹起來，自信就會愈變愈大。

除去在人生中會帶給你壞處的針（如過去的失敗、成見、堅持等），心中落下一塊大石頭的狀態為「**完全確信**」（total conviction）。

本書中提到「豁然貫通的體驗」真面目就是這個。

若能獲得「豁然貫通的體驗」人就能感受到被理解，且會有真實的感受。

這就很近似於所謂的「有感」。

那麼，我們試著以前述「有金錢困擾」的人為例來想一下

- 步驟1「認知」：察覺到買了許多不需要的東西
- 步驟2「情感」：梳理因為節省而產生的情感
- 步驟3「行動」：試著從能做到的節約法開始
- 步驟4「迴轉」：失敗了也要試著繼續

若行之為文，就能統整成像這樣簡單的步驟。

接下來就來進行能讓你「豁然貫通」的練習。

這個練習本身的難度非常低，所以「不會失敗」。

此練習是由「失敗正是珍品（極大的利益）」的想法所構成。

構成這個練習的想法是「愈失敗愈有好效果」，所以不能順利做到反而是成長的證明。

對過於恐懼失敗而無法踏出一步的人來說，就算給他們壓力，要他們「別失敗」也不會發生任何事。

或許各位會覺得「這都是些什麼啊？」但試著去做之後，逐漸地就會實際感受到效果。

步驟1

脫下眼罩

接著來說明第一個能達至「豁然貫通」的步驟。
此處的目的是反覆問自己：「究竟為什麼活著很痛苦呢？」
試著以和緩拉伸的感覺做做看吧。

首先，現今的你要自覺到自己是處於「**戴著眼罩的狀態**」。
要是就這麼全力以赴，不知道會撞到哪裡而受傷。
我們必須要脫下眼罩，環視四週，掌握好有沒有危險？該朝哪裡前進。

在第九十二頁中已經講過了心靈認知的方法。其方法就是「站在第三者的角度用過去式書寫」自己的事。
而接下來要介紹的方法是「想像」。

試著只用一行寫出「想像」

所有人在孩提時代都會「想像」。

想著自己的未來，例如，要是能長出翅膀在天上飛該有多好、真想成為 Youtuber 啊。

孩童時代的你總是在做夢，但**長大成人後，想像的範圍卻變窄了**。

人愈是習慣了壓力過多的生活而被日常生活所束縛，就愈是會過度在意現實，減少想像的時間。

另一方面，孩子很常玩遊戲或家家酒。

這時候，在他們腦中會因為「想像」而引起爆炸性的變化。

孩子會透過想像來填充將來的自我形象或英雄、女英雄的活躍模樣，膨脹眼睛所看不見的想像力。

大人之所以不會像孩子那樣玩玩具，是因為「想像」力比孩子弱。

目前已知，想像的時間其實對大人來說非常重要。

也就是說，大腦在進入到散漫的「想像模式」中時，人類會修正大腦中的思考慣性，或是增加整理「自己原來是這樣的啊」這類後設認知的時間。

近年來稱什麼都沒在想、想像、幻想的時間為「預設模式網路」（Default Mode Network, DMN）。

因此，步驟一是**總之就是去想像「理想中的自己」「想做的事」**。

用一行文字書寫，就能弄清楚「想變成這樣」的自我樣貌。不必是具體的目標或是什麼誇張的大道理，所以試著放輕鬆地用一句話來表達自己想變成什麼模樣吧。

「想要更會社交」。

「想換工作」。

「想要另一半」。

什麼內容都可以，**只要能輕鬆找出一個「想變成這樣」的模樣，這個項目就成功了。**

只要這樣，就完成了能由衷接納的第一個步驟。

或許有人會覺得「這樣就好了？」但這可是最重要的一步。

別人跟自己說話後恍然大悟的感覺

人們若是沒有定下目標就這樣一直走下去，思考就會迷惘。

而確立「想變成這樣」的路線就是找到了終點。

能明確意識到有終點線，「只要靠近那裡就好」，就是一大收穫。

因此，行有餘力的人可以試著更推進想像，直到能想著「該怎麼做才能成為理想中自我呢？」

這時候，自我貶低著「自己的想像力很貧乏啊」的你，已經有了自我否定的習慣了。

正是被他人這樣說後的恍然大悟感，才是慣性思考的真面目。

人只要被說中心聲就會生氣，所以就用「或許也是有這樣的想法呢」的角度去看待吧。

雖然清楚知道「理想中的自我」是怎樣，若是大腦中自然浮現出否定式的話語，就要注意去找出來。

「不可能做到」。

「年齡上來說是不可能的」。

「因為有家人所以不行」。

「生病了所以沒辦法」。

正是像這樣一個接一個浮現出來的否定想法，才成了踏上下一個步驟的提示。

步驟2
預先「尋找犯人」

其次的步驟是與「情感」相關的方法。

在前一項中被指出思考慣性並生氣地想著：「別給我下定論」的人，才能在此獲得極大的收穫。

因為**找出了讓你覺得「活著很痛苦」的犯人了**。

在步驟二中，**來找找讓你活得很痛苦的犯人吧**。

使用的方式就是所謂的「觀察」。

在前一項中，發揮了想像力並想像自己的「理想模樣」時，或許會出現某些變化，像是對「情緒化自我」感到悲傷或有悲壯感。

若處理得不好，甚至會有人怒上心頭，連這本書都不想看了。

這樣的感受正是導因於情感的棘手犯人。

「情感」無法以理論而言，是直覺性的，是具備著近似於「緊急裝置」以推動自我的東西。

「喜歡」「害怕」等情感會撇除合理性而讓人做出行動。

如果你支持的偶像出現在公司，就算是在工作中，你也會跳起來吧。

我們每天都是因著情感的影響力而活動。

不過，情感有麻煩的一面，所以你有時會採取「不合邏輯的行動」。

因為一直想著突然大發雷霆的朋友所說的話而煩惱，或是因為生理上無法接受的理由而不能順利服務客人等，交由情感判斷而做出的行動，就是讓人活著痛苦的原因。

情感在緊急情況下雖然會成為推力，但也是會導致你後悔的麻煩引路人。

我並不是指「總是只以合理的思考生活才是正確的」。若人生活成這樣，應該會很無聊。

在此想告訴大家的是：「若總是感情用事，之後或許就會後悔喔」並給予大家一些建議。

情感頂多只是參考用，能「一碼歸一碼」區分清楚的人，才能活得更輕鬆。

引導你前往失敗的犯人是？

人類對於覺知的事物會在瞬間且無意識間浮現出思考。

那就稱為「自動思考」。

例如若是傳ＬＩＮＥ給朋友卻始終沒收到回訊時，馬上就會在腦中浮現出「或許被討厭了」「因為自己很無聊」的想法吧。

像這樣的自動思考就是「思考慣性」。

若是這個慣性強力運作，就會做出毫無根據的決定。

誠如前述，被指出思考慣性而生氣，或是幻想自己「理想的」模樣時，想起從前的事情而怒火中燒、出現討厭心情的人，會因為「自動思考」而將情感自動切換往負面方向。

思考慣性會自動運作，自己難以認知到，也無法控制。

又或者是有些事物就是讓你覺得「在生理上無法接受」。

任誰在無意識中都會有討厭的事物，像是蜘蛛、老鼠、蛇等。

那是因為過去曾遭遇過不好經驗的記憶，或是基因判斷有危險而對大腦發出訊號，所以就會自動思考，鳴響情感這個警報器，試圖控制你。

這時，我們只要分解一下正在進行中的資訊處理，就能得出以下步驟：

「現實中發生的事件或活動」→「認知」→「（自動）思考」→「情感」→「行動」。

若以老鼠為例來思考：

「出現了老鼠」→「發現了老鼠」→「老鼠＝髒汙・不潔」→「生理上無法接受！」→「發出尖叫逃跑」。

針對一件事，我們會做出各種應對。「自動思考」就介在認知與情感之間。這就是打造出失敗習慣的「犯人」。

將創傷的影響力清零

任誰都有創傷，但那在現實中會造成多少影響則因人而異。

如果曾有人過去的經歷比自己更慘痛，但卻比自己活得更好，想必你會感到自卑吧？

自卑感愈強的人，自動思考的影響力就愈大。

任誰都無法改變曾經發生過的事，但該分影響力會因人而異出現很大的差距。

用簡單的公式來思考，就會像是：

「創傷」×「自動思考的影響力」＝「對現實的影響力」

不論是多麼強烈的創傷，若是自動思考鈍感，或是能完全控制的人，就會變成是：

「創傷」×「自動思考的影響力」（＝零）＝「對現實的影響力清零」

在第一章介紹過了「空虛型」以及「依存型」的思考慣性是難以靠自己察覺出來的。

許多人會因為創傷而有錯誤的認識。

可是過去是不能改變的。比起悔恨於過去，根本的解決法是控制好讓現實的你痛苦的「自動思考的影響力」。

那麼透過觀察因自動思考所引發的情感，應該就能察覺到自己的自動思考了。

或許有人會覺得，情感是自然而然出現的，無法眺望或控制。

可是不論是哪種情感，都有著會湧現出的「邏輯」。

如前述那樣的人是以如下的進程演變來看待事物：

「現實中發生的事件或活動」→「認知」→「（自動）思考」→「情感」→「行動」

他們認知到了「現實中發生的事件或活動」是在生起情感時正是可以做些什麼的契機。

他們正是從認知到點燃情感火焰的「點火裝置」（契機）開始。

用「數據」來找出契機

讓你湧起情感的契機是什麼？

只要知道了契機，就能減少、迴避。

在此要來說明一下「追逐數據」的這個觀察方法。

雖說是「追逐數據」，但就是像寫日記那樣，只要回顧成為情感契機的活動就好。

日記是能「修正生活步調」「打造回顧的時間」的工具，若只是毫不在意地想著「只要寫日記就能讓心靈穩定下來」，效果會很薄弱。

我們是要利用追逐數據的這個方法，以能夠打造回顧的時間，並期望能自我控制。

例如可以製作每天的生活行事曆。

將一天分為二十四個小時，花在哪些事項上的時間有多少呢？像是工作的「時間」以及打電話的「時間」等。

試著檢視一下吧。

花錢太過的人就寫家計簿，掌握好「花了多少錢在哪些東西上」。

體重增減劇烈的人就記下體重，掌握好「增減特別劇烈的時間」。

大量飲酒的人則要掌握好「喝的瓶數明顯有增加的時間」。

透過追逐數據，就能與自己的情感做切割，成為能**看見自己之前沒看到的煩躁不安或壓力的契機。**

數據明顯變得很奇怪時，應該就出現讓你情感湧現的契機。

其中應該會有痛苦的事，或是想起來就討厭的創傷。

「觀察」自己的意思是要連同前後關係以及周遭一起觀察，不要只看一處。

若能找到自己情感能自動切換的契機，這個步驟就算成功了。

你是要讓「情緒化自我」無所謂地熬過「火冒三丈」的每一天呢？還是要透過「理智的我」來找出「明確的契機」呢？

根據選擇的不同，將會決定你今後的生存難易度，所以試著努力吧。

步驟3 利用「運勢魔法」

在前一項中，我們已經說過了，情感有時會引發不利的行動，是「麻煩的引路人」。
透過日常數據來掌握引發情感的契機，就能找出擾亂自己情感的犯人。
可是，若因為那契機而自動控制住我們的情感，那又該怎麼克服才能輕鬆生活呢？
答案很簡單，**只要反轉前述的步驟就好**。
也就是利用「行動」→「情感」→「（自動）思考」→「認知」→「現實中發生的事件或活動」這樣的順序，就能變成得以控制住情感。
以下來說明這個方法。

「靠自己開創人生」的感覺

各位聽過「運勢」這個詞嗎？

「黑貓從眼前經過就會發生災難」。

「四跟十三都是不吉利的數字」。

儘管這些說法都沒有科學根據，但這似乎是大家都會相信的迷信。

不僅限於一般的迷信，也有個人原創出的運勢說法。

「只要能把垃圾一丟就丟進那個垃圾桶，今天的發表會就會順利」。

「考試當天一定要吃咖哩豬排飯*1」。

「為了考高分，要帶著奇巧巧克力*2」。

以上這些討吉利的做法也一樣。

*1 註：咖哩豬排飯在日文中有「致勝咖哩」的諧音。

*2 註：奇巧巧克力在日文中有「一定會獲勝」的諧音。

可用理智想就會知道，就算做了這些事，也不表示發表會一定會順利、考試一定會考好。

可是，我們做出了討吉利的事時會認為**「感覺好像變順利了」**，感受到沒來由的自信，並順勢獲得成功。

那是因為人類有私心，認為**「自己選擇的行動比較會產生出好結果」**。

像運氣那樣，在邏輯上不論怎麼努力都無法改變的概念，人類還是會有錯覺，認為「靠自己做出行動就能控制一切」。

哈佛大學的某個研究中明確指出，人類比起選擇既定中獎號碼的彩券，加入「花點功夫」由自己選出數字的彩券，比較會讓人「感覺好像會中獎」。

即便是偶然，**人也會對「人生是靠自己開創的」這樣的感覺，感受到無與倫比的幸福**。

在心理學中就稱這樣的想法為「控制錯覺」。

「不要過度看清現實」很重要

這個錯覺也會對你的人生造成重大影響。

就像在「前言」中提到的扭蛋，一旦被片面斷定「你的人生早就決定好了」。不論做什麼都是白費功夫」，就會冒出反叛心吧。

因為認為「自己的人生是由自己決定的」，錯以為是由自己在控制人生，我們才得以保有活下去的熱情。

「明天一定會是美好的一天」，有像這樣毫無根據的自信的人才能積極活下去。

因此，「理性的我」會反過來利用控制錯覺以保有生存的熱情。

我們稱生存所需的控制錯覺為「希望」。

或許這說法聽起來很矛盾，**但愈是不去看清現實的人愈能擁有莫大的希望**。

根據某項研究表明，憂鬱症的病人會強烈地意識到「人生無法隨心所欲」。

愈是認為不值得活下去的人，愈難以擁有控制錯覺，會更實際地去正視現實。

正因如此，才無法懷抱希望這個幻想。

「反正做了也沒用」。

「這種事一點意義都沒有」。

「自己不可能做到」。

說到將來的夢想跟願景時，那樣的思考慣性會讓情感領先，而且不會引起錯覺。

因此就不會湧現「開心」「愉悅」的情感。

只要一個習慣就能讓明天歡欣雀躍

接下來要說明能克服情緒崩潰，除去內心疙瘩的「運勢」魔法。

內心的疙瘩會讓自信萎縮，並且它會自動出現，所以難以靠自己找出、察覺。

可是誠如在第一二二頁的內容，**透過「行動」就能控制「情感」以及「自動思考」**。

而利用「運勢」就是個有效的方法。

在將來或許可能會發生的**「不穩定因素」**中，正有為活下去所需的希望與期待這類東西。

可是不論對將來有多大的希望，一旦有一瞬間悲觀的想著「反正不可能」，就會立刻洩下氣來，主動消除未來的選項。

這時候，如果只要唸誦一段魔法咒語就能提高對未來的期待值，你會怎麼做呢？

你在孩提時代應該也曾經把鞋子踢飛，做著「明～天要～是好天氣」這種天氣占卜吧？

這樣的遊戲也是能得到靠自己控制天氣這種不確定性因素的感覺，所以能稍微對明天有些期待：**「說不定明天真的會天晴」**。

長大成人後，就會覺得「做那種事沒意義」。但至今應該都還清楚記得孩提時歡欣雀躍的心情。

其實被人稱為成功者以及富豪的人，也都知曉這個運勢魔法。

在成功企業家以及知名人士間有一說是：「打掃廁所的老闆，在公司經營上會獲得成功」。

例如北野武（日本知名搞笑藝人）說自己在年輕時，除了自己家，還去打掃了拍攝地以及公園的廁所；黃帽（YELLOW HAT）的創業者鍵山秀三郎先生據說連去到國外都會外出打掃廁所；松下幸之助以及本田宗一郎等知名企業家也很講究要打掃廁所。

他們因為採用了運勢魔法而控制了思考慣性，克服了不安與恐懼。

「下次的舞台要是失敗了怎麼辦？」

「企業經營衰微了怎麼辦？」

像這些對將來做出的自動慣性思考，也會隨時讓他

們感到不安吧。

不論是怎樣的成功人士，在達成目的前，內心應該都會有不安與恐懼吧。

也就是說，曾經歷過情緒崩潰。

要能控制這樣的情感，就要先試著用理智去相信「打掃廁所的人會成功」這樣的轉運說法，然後透過實際做到這件事來控制情緒化的自我。

即便遭受極大不安的襲擊，也能在瞬間想到「可是今天已經打掃過廁所了，應該沒問題吧。」

利用「運勢」魔法的好處在於，**即便失敗了，也可以將之歸咎於運勢而非自己。**

即便失敗了，也能想成是「因為今天掃廁所時偷懶了」「應該更用心點打掃廁所的」而容易自我恢復。

這就是所謂的運勢魔法。

透過累積轉運的行為，就能將失敗歸咎於是運勢的問題，成功也能與運勢牽扯上關係。

「因為早起到公司而被老闆稱讚了」。

「因為準時完成工作而拓展了與人邂逅的機會」。

能像這樣不斷做到自我控制。即便知道那很不理智、是錯覺，效果仍是極佳的。

不是「被迫去做」而是「主動去做」

那麼接下來就來採行運勢魔法吧。

在先前例子中說到的是掃廁所，但以結論來說，「做什麼都可以」。只要決定那樣做的本人相信做了就能轉運，不論是什麼內容都可以。

最重要的是別去做別人強迫你去做的事。

話雖這麼說，要打造出更好的運勢仍有些重點，以下就來談談那三點。

- ①「面向成功」

與在步驟一中想像的「理想中的自我形象」做連結。

- ②「隨時都能做到」

以小步驟的事項為優先，而非難度高的。

●③「與自己過去有關的事」

只要與自己過去體驗相關的事項相連結，就會更當成是自己的事

例如以下的運勢魔法就是些好例子。

「早上喝杯咖啡後就來開始工作」。

「在感到緊張的發表會那天，懷揣鉅款」。

「如果看了社群網站後內心紛亂不已，就回顧以前上司寄來讚揚自己的信件」。

人愈是感受到來自別人的「強迫感」，熱情愈會降低。

在職場上，即便被上司命令要去做的作業與自己企劃工作的作業內容一樣，認真度與熱情也會完全不同。

這點就運勢來說也是一樣的。

正因為那個轉運法會讓人覺得「是自己思考且是為了自己而做的」，才能成為改變你自身的轉運法。

那會成為你的自信，也能讓「理性的你」得以控制「情緒化的你」。

步驟4

「連接」

在步驟三中，介紹了利用運勢的說法來控制情感、改變思考慣性的方法。

如此一來就能提高對自己的期待值。

可是**這樣的效果無法持續**。

因為就連看了這本書而有感觸這件事也一樣，看完書後，感觸也會漸漸消弭，影響力會減弱，在跟人說話時就會想著：「奇怪？我應該做什麼才好？」

讀了書人生也沒改變的人，是因為省略了步驟四的「迴轉」，所以影響力才無法持續。

不論是多麼感動人心的電影，隨著時間的經過，是很難單靠回憶就落淚的。

靠書本或影片獲得的高漲情緒，就跟自信一樣，既是令人歡欣雀躍會立刻膨脹的，也會萎縮下去。

要能持續在本書中獲得的效果，克服情緒崩潰瞬間，在本質上輕鬆生活，步驟四很重要。

一天有一半的時間「大腦都沒在使用」

使用智慧型手機時，有些人或許是習慣先點開社群網站。

這類人雖然沒有對手機或社群網站上癮，但應該是在無意中將「看手機」與「上社群網站」做了連結。

像這樣因重複行為所做出的行動上連結就稱為**「習慣化」**。

人類相比起其他動物來，大腦進化得更好，可以解開複雜的計算公式、可以創作優美的文章，這些都是其他動物做不到的。

人類頭腦明明這麼好用，但在日常生活中卻幾乎都沒在動腦，很明顯的，**生活中大部分事項，都因為「習慣化造成的行動」而成了會自動去進行。**

根據杜克大學的研究指出，人所進行的動作中，有百分之四十五會每天都在同一地點進行。

也就是說，我們生活的時間約有一半都被習慣化了，過著不用大腦的每一天。

或許聽聞這件事的你會覺得：「因為要工作（或者要待在學校）所以也是沒辦法的吧？」

那麼，放假的時候呢？

每個休假日都會去挑戰新事物的人應該沒那麼多。

這也確實是有原因的，因為人類會受到**「思考的連結」**所影響而將工作效率化。

「連結」的厲害之處

「早上起床後打開電視，一邊看手機一邊準備早餐。刷牙、著裝後等時間到了就去上班」。這一連串的動作不論挑出哪一個來，大腦都會發揮功能，將之視為頗為複雜的工作。可是透過在無意識中的重複、練習，就能將一切都養成習慣。

「養成習慣」的感覺很重要，人類只要養成了習慣，即便是複雜的工程，也能想都不想就做好。

大腦中能將複雜的行動視為「一整個」來進行處理，這麼一來，**就能將之當成一個「習慣」保存在大腦中**。

譬如習慣化就是「將下載到電腦的文本保存在一個資料夾中，壓縮成一個檔案」的過程。像這樣的資訊連結以及壓縮，就稱為「**組塊**」。

例如讀書熟記資料以準備考試時，你是否曾用諧音來幫助記憶呢？

例如：「餓（俄）的（德）話（法）每（美）日（日）熬（奧）一（義）鷹（英）」（侵華的八國聯軍）這類。

即便是用諧音，也是用組塊這個方法來壓縮資訊、節約大腦容量而讓人難以忘記。
像這樣的「連結」有三大效果。

- 留在記憶中，難以忘記
- 容易告訴他人
- 能控制情感

組塊會帶給人們非常大的影響，能讓人們成長、進步。

以下單來補充一下第三個的「能控制情感」吧。
例如去參拜神社時，我們多會期望「希望能與神明結緣」並投入五圓硬幣吧。
又或者是會將車牌或結婚紀念訂為「11月22日（美滿夫妻）*」。
這樣的**心情變化也與「連結」有關**。
也就是說，前面提到的運勢魔法也與「連結」這個大腦的功用有關。
例如前面提到的「**掃廁所**」＝「**成功**」。

透過將做這件事當成是轉運並重複行動，就能壓抑下不安及恐怖的情感，提高對成功的期待值。

也就是說，透過習慣了「轉運」帶來的影響，大腦中就會出現「連結」，能調整好思考與情感的平衡，並在心底生出完全認同的感覺。

「轉運」×「連結」＝「豁然貫通」

這才是能克服情緒崩潰的方程式。

這個方程式甚至有著能改變人生的影響力。

＊註：日文1122的發音諧音。

用「報酬」來加強連結吧

要能順利「連結」，「報酬」與「契機」都很重要。

透過刻意製造出微小的成功體驗，就能引出「正在進行中的感覺」。達成感與滿足感是能持續下去的關鍵。

不論是因運勢而成功還失敗，在連結轉運與行動時，都要先準備「簡單的報酬」。像我為了寫作本書所製作的轉運法是，只要邊聽著米津玄師的〈春雷〉邊寫作，就能寫出好文章。

而只要遵守這個轉運法來開始工作，不論是能順利寫作還是只寫了一行字就結束，作為邊聽〈春雷〉邊開始工作的報酬，我會買星巴克的巧克力塊餅乾給自己。

成功那天，我會因能吃到好吃的餅乾而有滿足感，而且即便失敗了，也能因吃到餅乾而療癒自我。為了能持之以恆，這麼做以讓大腦安心的「小報酬」是很重要的。

而另一個則是「契機」。

在步驟二中，我們透過數據，整理了會引起情感的契機。只要知道了引起情感的契機，就能以此為引線來打造運勢魔法。

例如在職場上被上司斥責而形成了心理陰影，向上司報告就會成為產生出煩躁或自責念頭的契機。

在這種時候，可以想成是將「向上司報告時」的過去刺激進行了反芻。

因此，在一天中有事要向上司報告時，在報告前要鼓舞自己，例如：

「捲起袖子！」

「唸誦座右銘」。

「用拳頭輕敲桌子」。

這麼一來，就能給予大腦與過去事件不一樣的刺激，進行與成功的連結。

即使契機本身沒有改變，也能添加獲致成功的運勢。

轉運的連結就會像這樣給予我們勇氣。

前往戰場的人們是透過日常嚴苛的訓練或重複的練習來克服戰爭的失敗與恐怖。

「轉運」×「連結」＝「豁然貫通」

利用這個方程式來克服變得情緒崩潰的自己，並改變想法讓生活變得稍微輕鬆點吧。

※

在第二章中，為克服情緒崩潰的自己，我們談到了能培育「理性的我」並順利馴服「情緒化自我」的具體步驟。

「情感」先行而變得情緒崩潰時，就是「思考慣性」這個針在刺著你。

要拔除這根針，可以利用以下四個步驟：

- 步驟一　想像自己理想中的模樣（認知）
- 步驟二　用數據來觀察會妨礙自己的情感（情感）

● 步驟三　採用運勢魔法來控制情感（行動）
● 步驟四　透過反覆轉運來連結（迴轉）

如此就能達至「豁然貫通（堅定的信念）」，調整思考與情感的平衡。

不論是多棒的方法論，**如果自己沒有「正在進行中的感覺」**就沒有意義。

閱讀到此，仍覺得「好像很難」「有做了一點但不順利」時可以先擱置，休息一下。

不須要立刻就將一切做到完美。

因為誠如前述，**「失敗是珍稀物品」**。

若是因為事情發展不順利就無謂地煩躁不安或是失去自信，那就是本末倒置了。

在下一章中，為了讓各位有更具體的體驗，將要分享因為這個步驟而實際感到輕鬆的人們的經驗談。

不須要只看了兩章就以完美為目標。

只要以「多少能了解理論」這樣的程度去接受就是「大成功」了。

第 3 章

擺脫「崩潰時刻」的六個故事

知道「實際例子」後，你也能做到

若維持「情緒化的自我」，情緒崩潰就會成為一種病並且讓你覺得「活著好痛苦……」

要能改變這樣的自己，重要的是靠「理性的自我」讓自己「豁然貫通」。

在前一章中，我們已經說過這方法了。

可是應該有很多人因為還沒有著手進行，所以對那方法的印象很僵化吧。

要能著手去做有個捷徑，就是知道「那個人用這個方法後讓事情能順利進行」這樣的成功案例。

因此，在第三章中，為了讓各位有明確的印象並容易實踐，我想來介紹實際的例子。

這一章不須要全都讀。

首先請試著回顧第五十九頁的「六種類型」。將那六種類型與本章的例子作對照。

你變成哪種類型的瞬間比較多呢？

閱讀那類型人的實際例子，創造出屬於你的「轉運法」以及「豁然貫通的體驗」吧。

連自己都厭倦的極端性格
——「極端化自我」的情況

我認識的人之中有位不擅長戀愛的亞紀（假名）小姐。

亞紀有連自己都厭倦的極端想法，那就是「戀愛腦」。只要有人對她溫柔點，就會想著：**「只要是為了這個人，做什麼都可以！」**並做出過度激烈的行為。

如果雙方順利往情侶關係發展倒還好，但有次男友做出一件她不喜歡的舉動後，她就突然如同發生了骨牌效應般，變得「討厭」起男友。

自己主動接觸對方時明明是滿滿幸福感，卻突然「冷淡」下來，結果因此分手，這種情況不斷重複上演。

最終，她在延遲婚期回到老家時，前來找我諮商。

亞紀說：「我這樣下去不行。直到昨天為止我都還很喜歡他，可是因為一點小事在意見上有分歧，就變得非常討厭他，今天無視了他整天。過去我也曾經擅自丟掉了他的東西……」

亞紀認為，自己這樣糟糕的一面是「性格原因」。

因此自暴自棄地想著：「我就是這樣的，完全莫可奈何。」

如何改變「冷淡的我」？

我對亞紀的建議，如同在「前言」中所說的，自己是能夠改變的。同時也像第一一四頁說的那樣，要她「察覺自動思考」。

就我看來，亞紀很擅長社交，是容易讓人留下好印象的類型。因此我認為她只是因為自己認為是性格的緣故而放棄，導致限縮了可能性而已。

我立刻請她進行了第二章的**「能做到豁然貫通的四個步驟」**。

步驟一是先想像另一半和理想中自我在一起的模樣。

「早上起床後做早餐時，男友也起床了。想跟他道早安，並交換一個早安吻」。

「想播放輕音樂，發呆似地一邊眺望著外頭的景色一邊吃早餐」。

「想在晚上兩人一起做晚餐，分擔家事，哄孩子睡覺，雖然一切如常，卻能實際感受到幸福地入睡」。

我請她像這樣在心裡描繪理想的生活。

在這步驟中有很多人都會受挫，但亞紀似乎很擅長述說理想。
其次要進行的是「用數據寫出觀察」。
我請她回顧了與分手前男友間的關係。

「什麼時候、在哪方面會感到煩躁呢？」
「到目前為止，這樣的情況發生過幾次呢？」
「造成那情況的契機事件為何？」

結果可以明顯看出，造成亞紀變冷淡的契機就是「開始同居時」。
她在那個瞬間經常都會「變得情緒崩潰」。

亞紀說，本來提出想同居的人就是她。
同居後，就能更清楚看見男友私生活的一面。
她怎樣都無法容忍男友那些從未發現、卻讓人難以忍受的習慣與格格不入的價值觀。
結果導致遠離了之前的理想，也不去描繪將來而「冷淡」了下來。
亞紀就像這樣能主動察覺到「情緒化的自己」。

似乎在同居前她就有個習慣是：「不想看見對方糟糕的一面」。

因此，之後一口氣看見後就斷然推開對方到極端「討厭」的地步。

不過，所有人都有好的一面也有糟糕的一面。

聖雄甘地的妻子卡司杜巴・甘地也曾透露甘地是「沒用的丈夫」。

雖然大腦能理解「人當然會有糟糕的一面」但內心卻無法接受，亞紀就只將男友看作是理想的對象而已。

如果是發展順利的情侶，就能在當下理解到「原來對方也是有這樣糟糕的一面啊」，並在剛交往時就能相互指出彼此的問題。

而亞紀的情況則是累積了一切後才做出極端的行動。

她察覺到了自己在同居前，就一定要去看到男友不好的一面。

所以第三步驟就是「打造轉運法」。

讓說著：「如果不跟男友同居，就無法消除『寂寞』的感受……」這句話的亞紀去想一下

「感覺寂寞時」可去做的轉運法。
於是亞紀決定要打造「如果感覺寂寞，就去跳蚤市場拍賣東西，又或者是準備要拍賣的東西」這樣的轉運法。
結果亞紀說：「放手的瞬間，感覺心情變好了呢。」
她本就很喜歡在跳蚤市場買賣物品，所以在感到寂寞時，就請她採用了這樣的轉運法。
她表示，實際去試著轉運後，就覺得分散了寂寞。
只要順利進行過，之後就能過著由「理性的我」控制情感的每一天。
她表示透過採用轉運法，「或許男友會離開自己」這樣不安的心情就漸漸地冷靜了下來。
或許想要馬上與男友同居、縮短距離的她正是表現出了「無法相信對方」的不安感。
或許是因為「也許哪一天對方會離開自己」「說不定自己會被拋棄」這樣的焦慮，才會加速發展關係。
可是，透過像這樣採用轉運法來克服「寂寞」這個「情緒化自我」，就能獲致「就算與男友分開也不擔心」的「豁然貫通的體驗」。

給「極端型」的處方箋

那麼，以上就是「極端型」亞紀的例子。

順帶一提，在精神醫學中，多認為「極端想法」的起因為缺愛。

請回想一下孩童時期。

你有沒有過很極端的想法呢？

平常很溫柔的母親某次只是大聲地罵了你：「喂！」你應該會壓抑不住情感地想著：「好討厭！」

孩子的內心容易受到人們的評價而改變，比起大人來說是比較單純的。

- 沒生氣時的媽媽 ↓ 是自己的同伴，所以最喜歡
- 生氣時的媽媽 ↓ 是敵人，所以討厭

就像這樣，孩子只會有這兩種評價。

之後只要長期地給予孩子愛並養育孩子，孩子漸漸地就會想成是：「不論是生氣時的媽媽

還是不生氣時的媽媽，都是我最喜歡的媽媽」。能確切認識到一個人的正反兩面。

另一方面，若是不付出愛地養孩子，孩子就只會看見「媽媽生氣了，很討厭」這一面，在增加不信任感中成長。

之後，在面對各種人際關係時，就容易成為「容易冷淡的人」。

瀏覽網頁時經常可以看見擁有極端想法的人急速增加的情況。

像是「支持的偶像宣布結婚時，就來寫部落格貶低他的結婚對象」等，搞不清楚距離感的瘋狂粉絲（厄介粉）就會成為「極端型」。

瘋狂粉絲的歷史很久遠，在知名偵探小說《夏洛克福爾摩斯》系列中，主角福爾摩斯死亡時，就有人寫威脅信給原作者亞瑟・柯南・道爾，要他讓「福爾摩斯復活」。

「不如自己理想就不接受」，像這樣麻煩的情感從以前就很困擾著人們。

最近經常會聽到的是：

「只是因為朋友的意見與自己相左，就討厭那個人的一切」。

這是因為過於強調自己心中的規則，才會與周遭的人起衝突或是發生如先前所說的瘋狂粉絲事件。

在這個時候，希望大家能回顧如下的五種思考慣性。

● 「全有全無的想法」：完美主義，只想到要遵循自己的規則。

● 「一般化」：沒有注意到「一般來說應該是這樣吧？」的「一般」會因人而異。

● 「讀心太過」：明明沒根據，卻過於認定對方「一定是這樣想的」。

● 「應該～思考」：面對他人也是立刻想著「應該～」。

● 「負面思考」：一旦出現否定意見就無法改正。

自己有沒有符合這些想法呢？請試著思考一下吧。

想戒卻戒不掉——「依存型自我」的情況

以下是「異常奉獻的男性」浩二（假名）的故事。

不論戀人說什麼都會去做，就算半夜被叫出來還能帶笑前來的人很棒嗎？能從奉獻中找到滿足感的類型，乍看之下很棒。

可是「要為對方奉獻到什麼地步呢？」若是誤以為奉獻就能加深愛情，那就會引起問題。

浩二一旦有了喜歡的人，首先會從買高價的禮物送對方、帶對方去高級餐廳開始。不過從剛認識的人那裡收到高價的物品，一般人應該不會誠摯地感到開心吧。這樣的做法是會吸引大部分的異性。但光是禮物並無法縮短與對方的距離。

浩二說，自己好幾次曾順利與對方交往。問了他之後的情況後，他說：「或許是因為自己的奉獻犧牲，結果否定了對方在意的地方，或是制約了對方的行動。」

或許是因為讓跟自己在一起的對方感到疲憊，所以無法長久維持關係。

如何改變「對伴侶的依存」？

浩二說自己在平常的工作與生活中不會執著於他人。

可是一旦談了戀愛，視野就會突然變狹窄，會去束縛對方。

他說自己連在工作中都會想著另一半的事，對方沒有回LINE就會焦躁不安，開始對工作造成了影響。

就像這樣，過度依存特定人士的人就是覺得「自己沒有魅力」的想法過於強烈了。

在浩二的發言中也能看到「雖想和某人打造良好關係，但自己似乎沒有讓人喜歡的魅力……」。雖然大家並不會去想這些事」這樣的想法。

此外，述說自己意見時，在加大主詞的部分，像是「大家都這麼說」「一般都是這樣的」，也能看出他的依存體質。

他也有察覺到自己容易依存、容易隨波逐流的性格，甚至曾經落到說出：「我討厭這樣的自己卻又莫可奈何，好想消失。」這樣的境況。

不過在此，浩二誤解了一點。

那就是「**沒必要改變容易依存的部分**」。

為人盡心盡力、奉獻的一面有著對他人的體貼。

這就是他所擁有的珍貴個性。

他一定要改的不是依存式的體質，而是表現方法。

人都有「喜歡的東西」，像是「喜歡玩遊戲，只要能玩遊戲，人生就很滿足」「喜歡時尚，所以最重視購物的時間」等。所謂「喜歡」的情感，就是活下去的原動力。

我們不必擊潰那樣的原動力。

我們可以使用轉運魔法來改變表現方法，讓自己能用理性來接納「喜歡」而不至於變成「依存」。

我請浩二過度想著喜歡的另一半時，就從察覺到「大腦好像有點崩潰了！」這件事開始。

單只是這樣做，浩二就覺得自己像獲得了救贖，他說：「我再也不會去想那些事了。」

為了能在有這感覺時用「理性的自己」自我控制，就要採用轉運魔法。

要改變「買高價物品當禮物」的表現方法，改做打造「在意對方時就打理好自己」這樣的轉運法。

在不造成時間與金錢負擔的程度上，去做「肌膚保養」「丟掉老舊衣服，添購有清潔感的服裝」。

此處重要的是要一邊想著對方一邊行動。

一開始時，浩二很害羞，心跳加速的想著：「肌膚保養什麼的，會不會給人一種自我意識過剩很自戀的感覺？」但周遭給出的反應卻很好。

周遭的人都說他：「你的臉色好像變好了呢」「感覺變得很有光彩」於是浩二也就漸漸習慣了。

變成這樣後，就產生出了好的循環。

不僅是外表，他也能認為與之相應的內在是很重要的，所以開始做出「讀書」「學習新事物」「注意說話方式」等行動。

誠如第一〇一頁所說的，要能維持「理性的自我」，「自信」很重要。

浩二獲得了自信後就能想著「內心有了餘裕」「面對與伴侶的關係時，不要焦急，就能發展順利」「就算不去束縛他人，對方也不會逃跑」因理性而能與戀愛對象拉開點距離了。

透過理性來控制情感，完全就是獲得「豁然貫通體驗」的瞬間。

依存特定的人或物品而活是非常痛苦、難受的。

因為會極為恐懼失去那些人或物。

可是，只要透過「轉運」找回自信，就能用不那麼依存的狀態安心生活，能理解那樣是比較輕鬆的。

在電影《刺激1995》（*The Shawshank Redemption*）中有一句台詞是：「監獄的牆壁是種很奇妙的東西。一開始我憎恨它，接下來我漸漸習慣了它。隨時間經過，我離不開它。」

並不是所有人都想變成有依存體質的。

為了活下去，為了持續生活，回過神來才發現成了依存體質。

我所知道有依存體質的人都是這類人。

給「依存型」的處方箋

你是否也感受到有類似以下的依存體質呢？

「沒了這個人就活不下去」。

「一定要依賴某人才能做決定」。

在學校裡一個人行動時害怕他人的目光；若是被喜歡的人已讀不回會不安。若是這種程度的情況，任誰都有經驗過。

不過，若是因此而止不住煩躁不安或是給對方造成困擾，那就會產生出問題了。

此外因為有「喜歡」這分情感，所以若是壓抑、忍耐，就會造成反效果。

「喜歡」與「依存」之間的層級不同。

其中的差異就是能透過「理性自我」控制的範圍有多少。

「雖然喜歡電玩，但只會在放假日玩」。

「工作結束後才會做私生活上的聯絡」。
若能靠自己推動自己，就一點問題也沒有。
但若是成了依存，就會鑽牛角尖的想：「如果不馬上去做就會死」。
前述的浩二是選擇了「打理自己」，那麼你的選擇又是如何呢？
我們不是要逆流而上，而是要打造另一條路。
我們需要的是「第三個選項」，而非繼續依存下去與戒掉依存。
依存的根底就在於「**救贖體驗**」。
總之在持續辛苦工作的每一天中，若是有一天突然看到了三溫暖，就進去讓自己恢復精神。
這麼一來，「進入三溫暖就能變輕鬆」就會成為救贖體驗。
不要只有這一個體驗，要增加選項到兩個、三個。
像是「這就是答案」「那個人就是我的命定之人」一類或許會流於情緒化，為免過猶不及，我們就要用理性去思考。
試著學會這樣的思考方式吧。

內心空虛不快樂——「空虛型自我」的情況

惠理子（假名）在外商企業上班，她覺得「有話無法對人說，快要窒息了」。

惠理子每天都很幹練地忙碌工作著，夢想是有一天結婚生子。

此後，她與同事交往並結了婚，也生了孩子，過上了順風順水的人生。

單只是看這樣，惠理子看來就是「幸福洋溢的人」，但若有了獨處的時間，她莫名地就會冒出未獲滿足的想法，覺得「自己的人生到底算什麼？」腦中隱約充滿了煩惱。

隨後，與家人待在一起時，這樣的想法也冒了出來。

即便她跟丈夫說了這件事，丈夫也只回應：「這就是獲得滿足的證據啊。因為妳現在很幸福呢。」不會認真面對她。

母親與朋友也是同樣的反應。

任誰都曾感受過「應該很幸福卻很痛苦」吧。

可是，惠理子對這件事懷有罪惡感，因而會自責「**明明很幸福卻感受不到幸福。這樣的自己真是太糟糕了……**」

最終她甚至產生出身體上的倦怠感，食之無味、覺得要去買東西很麻煩、不出家門、什麼事都不想做，日常生活中出現了問題。

無法向人傾訴的煩惱就像支配著該人心靈的霧霾一樣，陰沉地籠罩著內心。

惠理子也覺得這樣的煩惱似乎會被認為是在擺顯、很討厭，於是漸漸地陷入無法與人說的狀態中。

霧霾若是像這樣愈來愈濃厚導致無法理解自己的心情時，很多人就會來我這裡進行諮商。

如何改變「無法滿足的我」？

惠理子接受諮詢，就像到目前為止所說的，從「打造能豁然貫通的轉運法」開始。

她的情況是，從一開始自己內心就很清楚自己的煩惱，但因為「無法跟人家說」「沒人理解自己」這種煩惱的「性質」而讓大腦更為煩惱。

即便向人傾訴「很幸福卻很痛苦」，恐怕也會被人輕鬆帶過地說：「還真是奢侈的煩惱。」

聽聞惠理子的故事時，我逐漸釐清了她煩惱的本質。

她會說很多次「自己有獲得滿足」並強烈地深信著。

勉強硬要自己的心情認同。

幹練工作的人有一個特徵，就是大多會一直有著「其實想被更多人認可」的想法。

惠理子也是同樣的情況。

可是她因為結婚而將照顧丈夫與孩子當成自己的工作，並對自己施加了責任。

即便我問她是否有其他想做的事，她也會回答：「因為有家庭而無法。」

主動關閉了自己的可能性。

她沒有能獲得許多人認可的「自我實現場所」。

她很愛丈夫，當然也很珍視孩子。

可是，卻不去正視自己真正想做的事，主動粉碎了自己的可能性，因此不知不覺地就不再對自己有期待。

「家庭優先於自己」這件事看起來很美好，但若太過，就會成為讓人生痛苦的思考慣性。

因此進行達至「豁然貫通」的步驟是有效的。首先是要「試著想像自己真正想做的事」。

話雖這麼說，惠理子一開始並沒什麼興趣，所以我讓她先放下家庭來思考。

結果漸漸地，她冒出了想要自由的欲望。她說：「如果有時間，想試著去上瑜珈跟烹飪課……。還有，或許會想毫無目的的散步而不去想家裡的事。」

就算是在說這些不著邊際的話時，**她也習慣性地會立刻抹去自己的想像，像是「可是實際**

上是不可能的」，或是「不可能做到的」。

確認了她的思考慣性後，接著就是「用數據來掌握」。

我請她用數據回顧在一天中出門幾次、多是在哪個時間段會覺得煩躁不安。

結果她發現，在空閒的瞬間，就是冒出情緒崩潰的瞬間，像是「上午完成家事休息一會兒的時間」「吃完中餐後」，或是「睡前閉上眼睛的時候」等等。

人的大腦是個總在渴求新刺激的器官。

大腦若一直維持著沒事做的狀態，就會發出緊急訊號：「送更多刺激來啊！」

若是對這個訊號一直踩著「因為有家庭，只能莫可奈何」的煞車，大腦中就會像是同時踩下油門跟煞車般，心情如坐針氈。

若持續這樣的狀態，就會因「大腦想前進，卻一直停止不動」這樣的窒息感而痛苦。

你應該也曾對「沒事做」有罪惡感。

一般認為沒事做應該會感到輕鬆，但其實卻會感到不安。

惠理子也說：「若是對自己太好，就會覺得對丈夫跟孩子很不好意思。」

很積極主動的她察覺到，因為在家中太過限制了自己，使得覺得「沒事做」，成了「契機

（導火線）」，導致「感到痛苦（變得崩潰）」。

因此，我請她思考一個轉運法，讓她可以轉往一個新方向以解放自己。

覺得「沒事做」時，就要在家中採取把注意力轉向外部的行動。

惠理子想出的是「**罪惡感湧現時就做麵包**」這個轉運法。

她獲得了家人的理解，在家事告一段落的中午時分，或是晚上就寢前能全神貫注地做麵包。

她會去看影片、買書、接受新刺激。

結果她變得能埋頭其中，就像從本被堵住的水壩中開始汩汩流出水般。

此外，因為有麵包這個成品，惠理子也滿足了自己的欲望，像是「想自我實現」「想獲得他人的認可」等。

在她心中的那個轉運法——不去感受「為了家人就要這樣做」的罪惡感——也起到了正面作用。

她體悟到「**為了不讓家人擔心，表現自我很重要**」，並成功地能以理性的自我來控制情感。

這完全就是「體驗到豁然貫通」的瞬間。

之後，惠理子就有了「總有一天要開一間自己的麵包店」這樣的目標。

聽說她似乎遇見了一位麵包師傅，其生活方式就跟她的目標一樣。

重視著家庭並開始新事物雖然非常辛苦，但只要找到目標或契機，人們就會逐漸做出改變。

給「空虛型」的處方箋

「沒有幹勁」。

「什麼事都不想做」。

「所謂的快樂，究竟是種什麼樣的心情呢？」。

任誰都曾有過這些念頭。總之就是處於「提不起熱情」的狀態。

不過，即便什麼都不想做，應該還是會有什麼情感是能提起幹勁的線索。例如：

「想吃美食」。

「想看美景」。

即便是很籠統的欲望也行。

面對工作或讀書湧不起熱情是理所當然的。

可是陷入情緒崩潰時，就是處於「連喜歡的東西都覺得麻煩」這樣的情感狀態下。

在第一四七頁的「極端型」中是因為情感的影響太過強烈而產生了生存上的痛苦，但「空虛型」則與之相反。

是情感的影響過小而感到痛苦。

在精神醫學中認為，人們不想因為過去的打擊而給內心造成負擔時，就會表現出「封閉內心」的現象。

愈是發生了自己無法支撐的大打擊，人愈是會感受到強烈的不安與絕望，並為了想要克服而「封閉內心」。

暫時「封閉內心」是有效的。
可是重要的是，在那之後要確實打開心門。
因此「理性的我」就很重要。
如同前述的惠理子，要透過想像「理想中自我」並採取「積極的轉運法」去尋找鑰匙。

「空虛型」的情緒崩潰就他人來看，會有個特徵是「不明所以」。
因此，只能靠自己來控制自我而非由他人來伸出援手。
自己很痛苦，但周圍的人有時卻會說：「你什麼事都不做」「不要偷懶」。
不過，發呆也不是件壞事。
只要靠著「理性的我」打造出積極的轉運法就可以了。
第一步就是從察覺到沒精神的自己是「處於崩潰狀態」開始。

不知道怎樣才是眞正的自己
——「自我同一型的自我」的情況

我認識的一位朋友小萌（假名）是活躍的佛朗明哥舞老師。
與前項的「空虛型」很像，但她是透過了發現「真正的自己」而讓生存變輕鬆。

大學畢業後，小萌做著朝九晚五的工作，過著無聊的生活，她有時會問自己：「我的人生就這樣了嗎？」並感到鬱悶。
她找不到「真正的自己」而有著崩潰感。
她想要改變些什麼，便決定去各國旅行。
話雖這麼說，但也不可能那麼簡單就找到生存的價值。
就算是在國外，許多生活方式也與日本一樣，讓她感到很鬱悶。

該如何找出「自我風格」？

某次，她在西班牙的旅程中遇見了感動的體驗。
她親眼目睹了「佛朗明哥」。
除了被美麗舞蹈給吸引，更深陷於「想用全身體驗看看這樣柔軟的律動」的想法中。

即便回到日本，她的渴望依舊存在。

一般來說，許多人也許會就此回歸到日常生活，但小萌卻沒有。

她開始學西班牙語，也查詢了「佛朗明哥留學」的資訊，並為此而工作存錢。

當存到了目標金額，她就辭去工作去到佛朗明哥的發源地——西班牙的塞維利亞留學，並接受訓練課程。

她之所以能那麼果斷地付諸行動，並不是因為有相關知識。而是因為那次的海外旅行中，那近在咫尺、能聽見舞者呼吸聲、充滿臨場感的舞蹈，帶給她強烈的感動。

小萌說：「跳佛朗明哥時，我就能感受到真正的自己。」

她在無意識間就「體驗到了豁然貫通」。

所謂的「自我風格」也能像那樣，因為一場預期外的相遇而找到。

「我到底是誰？」

「可以繼續這樣下去嗎……」

像這樣「自我同一型」的情緒崩潰，若不透過實際行動並被感動，就無法掙脫。

若單是被別人勸說：「跳佛朗明哥不就好了嗎？」是無法成為感動體驗的。

正是小萌那些無意識的行動，施行了轉運魔法。

「做自己、真正的自己」是無法光靠計畫就找到的。

如同此前提過的例子，只靠憑空想出的轉運法是不夠的。

過往體驗很重要。

在第七十八頁中介紹過了「面試」的例子，若是零經驗就無法述說故事了。

首先要試著去做些事。因為那能降低難度，結果可說是找出「真正自己」的捷徑。

之後，小萌便開始擔任佛朗明哥老師的工作，過上了順風順水的人生。

這麼聽來，或許各位會覺得「能將喜歡的事當成工作來做真是幸福呢」。

的確，小萌雖能找到這樣的幸福，但或許有很多人並不能。

「以喜歡的事物為主來找工作並進入了該業界，但卻發生了很多痛苦事情。然而因為是靠喜好決定的，就無法辭職……」

也有人是像這樣，理性與情感在相互撕扯著。

在此，我們可以從小萌的成功事例中獲得學習。
她除了有本業，還喜歡佛朗明哥到即便沒有錢，只要有佛朗明哥就能前進、努力的程度。
她會無償地出席街上的活動、參加老人院舉辦的活動，抓住一切能跳佛朗明哥的機會。

喜歡到這種程度就可以說是「真正的自己」。

可是，若沒有這種程度的思想覺悟，只要將之與工作切割開來地努力就好。
若是勉強逼迫自己到「我喜歡這個，因為是真正的自己……」的地步，就本末倒置了。
找出「真正的自己」很重要，**但放棄非自我風格的事物、不要太過被束縛也同樣重要。**

若能像小萌那樣找到「真正的自己」，就能打造出非常強健的「核心」。
她自己也說：「我感覺似乎有著很強大的核心。」
只要有這個核心，就能發揮積極的轉運功能，而且即便感到痛苦，跳佛朗明哥也能成為她的「豁然貫通體驗」，使之產生出理性來。

給「自我同一型」的處方箋

各位應該都曾在年輕時煩惱過「自己到底是個什麼樣的人」。又或者也有人是年歲增長，迎來退休後才開始思考的。不論如何用「理性的我」去思考，都無法勝過過去的體驗。就算想用知識去填補沒做過的事也是無濟於事。

我只能給予對真正自己感到迷惘並陷入崩潰狀態的人一個建議：**「總之試著去嘗試各種事物吧」**。然後要保持樂觀地想著：「總有一天會找到的」。

喜歡流浪的小說家亨利・米勒（Henry Valentine Miller）曾留下過一句話：「目的地絕非場所，**而是能以新觀點捕捉事物的方法。**」工作本身並不重要，因為工作而獲知許多事並遇見嶄新的自己才是真正的目的地。

而如此所找出的「真正的自己」不會因為誰說了什麼就動搖。

只要放眼世間，就會找到許多人像小萌一樣，找到喜歡的事並熱情洋溢去做的。從中我們就能獲得提示。

話雖這麼說，拿自己與他人比較時，請不要沮喪地想：「為什麼我這麼沒用呢……」只要實際遇見了，一定會獲得能量的。

其中也會伴隨有感動的體驗。

止不住對自己感到煩躁——「爆發型自我」的情況

上班族由紀（假名）的煩惱是，她無法控制情緒，會在他人前哭泣。

在本書的一開頭也有介紹過一位會在職場哭泣的女性的告白，由紀則是透過處理了更深層的情感，最終得以改變了自我。

周遭的人對由紀的印象多是成熟穩重。

雖然有些消極畏縮，但她身邊有朋友且沒有受到霸凌，是在做事務的打工。

某次她在工作上出現失誤，而同事幫她遮掩了下來。

同事跟她說「沒關係唷」的瞬間，她的眼淚就止不住地流了下來。

她一個人在家時明明不會哭泣，**卻不知為何會在人前哭泣**。

最終，她對職場的人也無所謂不好意思，早上起不來就無故缺勤，從那天起，她就害怕去公司怕得不得了。

於是她就這樣一直休息著，但因為是打工，收入減少，只能靠著積蓄與父母給的生活費來勉強維持生活。

她無法向雙親與朋友訴說在人前哭泣的煩惱，所以前來精神科諮商。

該如何停止「情感的爆發」？

聆聽她的話後，我掌握到了對她而言是必須的東西以及哭泣的原因。

可是光是這樣，無法讓她達至如本書一開頭所寫女性那樣有「豁然貫通的體驗」。不論精神科醫師如何指出：「應該這樣做」「這點很奇怪」，只要是處在「**有強烈被迫感」的狀態下，人就不會改變**。

因此重點是，幫助她打造出轉運法。

由紀不太會想像自己的理想。

她拒絕地說：「我還沒想過那樣的事，沒辦法。」

在花了些時間讓她的心情稍微安定下來後，我請她從「**如果在職場上停止哭泣，之後會變成怎樣呢？**」這個問題開始去做想像。結果她就能順利說出「要是這樣，就能離開家人自立生活」的理想。

看來，由紀非常討厭自己依靠雙親。

從孩提時代起，雙親就對她很溫柔，據說不論她說什麼，雙親都會全然接受、不否定。

正因為這樣，她才找到了屬於她「理想的自己」，那就是「想要獨立，並終有一天能報恩」。

在說著雙親的事時，由紀有好幾次都在我面前哭了。

她比較了理想中的自己與現今的自己，對其中的差距感到厭惡，於是流下了眼淚。

因此，我請她在之後的一星期，用「數據」來回顧生活，找出情感爆發的契機為何。

「一天哭泣的次數」。

「前一天的睡眠時間」。

「具體的工作量」。

「打電話給雙親的次數」。

我請她整理用數字表示出來的資訊，盡可能鉅細靡遺地寫出一星期發生的事。

結果她發現了「與雙親講了長時間的電話後，隔天就會在職場上哭」。她似乎對於自己一個人住且獲得生活資助一事也有罪惡感。她無法說出自己不能去工作，只能敷衍帶過。

不論是誰，一旦失去餘裕，或接連碰上討厭的事，就容易變得煩躁。

而那分煩躁持續累積時，就會因某個契機而情感爆發，出現「理性的我」無法控制「情緒化自我」的瞬間。

由紀的情況是在平時就累積了對雙親的罪惡感以及自責的念頭，而她察覺了「在電話中對雙親有所隱瞞」這件事就是情感爆發的「契機」（導火線）。

話雖這麼說，和雙親講電話時，她似乎是能感受到安穩的。

因此，她也無法勉強自己不打電話給雙親。

整理了情感爆發的契機後，我勸由紀想出轉運法。

由紀感到最為煩躁的事，就是「自己一直在跟雙親撒謊」。

然而，試著勸她「要不要向雙親坦白？」後，她卻明顯表現出狼狽模樣並強烈拒絕。

她說：「我也知道這樣比較好。但是，對於說謊，我感到很羞愧，我絕對無法將這件事說出口……」

「理智的我」知道這樣下去不行。

因此接下來就是轉運法出場了。
打電話給雙親前，我請她思考一下是否能做什麼積極正面的事？
她表示「只要大聲發聲就會覺得輕鬆，所以會先唱一首喜歡的歌再打電話。這麼一來，或許就能跟雙親說實話了……」

的確，人在大聲發聲後，膽子就會變大。
話雖這麼說，似乎也很難一下子就說出真話。

可是她試著去做了之後，似乎能比平常更自然地說話。
母親對她說：「妳似乎比平常更有精神呢！」這句話也大為鼓勵了她。

在反覆進行轉運法後，由紀就能終止自己的謊言了。
因為重複體驗到進行轉運法而感覺輕鬆，就能想像敞開心扉說清楚自己謊言後的景況。
因為雙親很溫柔，於是接受了她的自白，並跟她說：「妳可以不用勉強喔。」
之後詢問雙親，似乎雙親也隱約知道由紀無法去工作的事。
可是，他們並沒有去追究她的謊言，而是很顧慮到她的心情。

於是，由紀因為打造了轉運法而能靠「理智的我」控制了情感。

因為去做了真正想做的事而獲得了極大的自信。

因為這個「豁然貫通的體驗」，她減少了對自己的煩躁，久違的能睡個好覺了。

之後她似乎仍持續在做那轉運法。

又過了一陣子後，由紀回到雙親身邊，在老家附近的公司重新開始上班。

然後是造成問題的「哭泣」。

畢竟無法在工作中大聲唱歌，所以就用唱歌的要領，大大地吐氣「茲～～」確實活動呼吸肌後再去面對緊張的場面。

由紀說自己因為轉運法而獲得了自信，因此能處在「理性的我」的狀態下了。

她因為轉運法而成功控制了情感，而且也獲得了「失敗也沒關係」的價值觀。

那不是因為「被迫」，而是靠自己發現、察覺後所獲得的體驗。

給「爆發型」的處方箋

煩躁不安而情感爆發是因為性格的關係嗎？

答案是否定的，不過是因為「自動思考」的影響過於強烈。

過去的創傷過於強烈時，只要陷入到相同狀況中時，就會反射性的生氣、哭泣。

正因為容易受到自動思考的影響，若能靠「理智的自己」控制住情感，之後的人生也將會格外輕鬆。

還有一種方法是憤怒管理，但這個方法沒有「找出情感契機」這個視角，所以我認為難以持續下去。

我們經常會聽到「雖然知道方法，卻難以持續下去」的說詞。

那就與「被迫去做」那樣的感覺有相當深切關係。

本書第二章雖也談到了方法論，但卻有顧慮到要好好向讀者說明為什麼要做那方法，又或者是該怎麼做，讓讀者們能認同理解後再進行。

最重要的不是理論，而是如何能相信那理論、如何能獲得自己「要去做的感覺」。

以前曾風行過「氫水」這種將氫分子溶進水裡有益健康的水。

雖然沒有實際驗證的效果，但卻有人打從心底相信該效果，認為喝了氫水後真的有感覺到「變健康了」「身體狀況改善了」。

之後在臨床資料中則證實，並沒有確切的效果。

可是，有人因為相信氫水的效果而持續飲用，並感受到確實有改善身體狀況也是事實。

類似像這樣的狀況就是廣為人知的「安慰劑效應」。

若醫生說那是藥並開做了處方箋，即便只是讓患者吃砂糖，也會覺得症狀改善了。

因人而異，也有例子是真的改善了疾病，科學上已經證實，人類的信念力具有強大的影響。

也就是說，若能用「理性的我」對「情緒化自我」做出「安慰劑效應」，身陷崩潰的人就能獲得莫大的效果。

本書第二章的方法多少也藏有瞄準那效果的意圖。

「只要深呼吸就能順暢說話」。

「只要看著手機待機畫面上的家人照片，就能消除緊張」。

「只要彈戴在手腕上的橡皮圈，就能打開工作的開關」。

這些都取決於能貫徹你自己所相信的轉運法到什麼程度。

而不管成功或失敗，**你都要褒獎轉了運的自己**。

能盡早開始這樣的體驗就是訣竅。

或許是人際關係重置症候群——「自我破壞型自我」的情況

達也（假名）曾有個習慣是會跟人斷絕往來。

就像我們在前言中提過的，是所謂的「人際關係重置症候群」。但這不是正式的疾病名稱。若有累積壓力、顯得有些憂鬱時，就會切斷此前的交友關係或與社會的聯繫。這可以說就是有**「重置習慣」的狀態**。

不論是怎樣的人都會想到有一或兩個麻煩的人際關係吧。可是達也不是單純地「整理人際關係」，而是為了切斷人際關係辭職，甚至清空手機裡的通訊錄、社群網站的帳號到履歷等，總之會刪除自己與社會的一切聯繫。

達也有「難以交到朋友」的煩惱。更精確地詢問他後，得知是**「與他人間的關係無法長久維持下去……」**

例如他國中畢業時發生的事。當時他在學校有一個關係很好的朋友，但似乎突然就斬斷了關係。與朋友在街上突然碰見時，朋友問他：「為什麼？」「怎麼了？」

他卻無法好好說明，只說了：「莫名就感覺不想再見面了……」

回顧當時的情況，他說：「一想到是結束了的關係，就莫名強烈地感到難以再見了。」

這樣的煩惱一直到他成了社會人後仍持續著。

達也在公司中曾經歷過部門異動，他說當時就很難再跟前一個部門的人有聯絡。

雖然變了部門，但仍在同一間公司，所以偶爾會在電梯中碰面。

結果他不會主動搭話，就算別人跟他說話，也不會延續話題。

另一方面，面對家人時他則不會有這種情感。

面對朋友、公司同事以及戀人時，卻會因某種原因而主動疏遠。

他對自己難以累積人際關係一事感到不安。

該如何交「朋友」呢？

儘管達也腦中理解了「這樣下去不好」，但在情感面上卻覺得「不想見」。

像這樣的煩躁感就是情緒崩潰的特徵。

首先我請他去察覺「大腦中好像有點崩潰」的時刻，然後試著去做「能豁然貫通的方法」。

在步驟一中，他順利地就決定了「想成為不再重置人際關係的人」這個目標。

問題在於步驟二。他必須要透過自己行動的「數字」找出契機為何。

我請達也回顧此前的人生並數出**「重置的次數」**。

最初是在國中時期，然後是高中、大學、研究所、前職場、現公司（其中有兩次），共重置了七次以上。

他一一想出那些重置情況以及發生重置前的行動。

「是從什麼時候開始覺得不想見面的呢？」

「覺得不想見面時，那一天的行程有何變化嗎？」

「其他像是用錢的方式或投注在興趣上的時間有變化嗎？」

「一個人獨處的時間有多少？」

在這樣追溯數字時，他隱約覺得「不想見面」時很接近於「注意到物理面上的移動時」。

例如國中畢業時也是因為確定了之後要讀的學校後，才覺得「不想見面」。

他表示在公司也是，不是在職位異動當天，而是通知他要職位異動時，就冒出了「想斬斷關係」的念頭。

與第一五五頁的「依存型」一樣，感受到「無法離開那些人」時就會產生恐懼，想要守護自己。

我問了他其他人際關係的煩惱後，他告訴了我以下的嫉妒心情。

「應該是在國小的時候吧。我看到了好朋友在和其他班同學開心玩耍時，就覺得怎樣都無法接受。當晚就幾乎煩躁得睡不著。」

面對大學時代的朋友時，他也有過同樣的心情。

當時他看到朋友在社群網站上發表結婚消息且一臉幸福的模樣，就覺得自己受傷了。

他似乎認為，**與其自己受傷，不如主動切斷關係來得好**。
為了守護自己的心，才會啟動重置人際關係的習慣。

那麼，在知道了這些事後，達也應該要修正這樣的習慣嗎？
達也發現了人際關係的重置是一種為守護自己不受傷的自衛手段。
於是他想：**「若是勉強修正這個習慣，是不是會徒增痛苦呢？」**
能出現這樣的想法是很值得欣喜的。
因為在面對自己覺得討厭的部分時，能察覺到用新觀點去看到肯定的一面。
因此第三條道路，就要來思考一下能更輕鬆生活的方法。

達也煩惱的本質是「想要能長久交往的朋友」，所以就暫時先保留改掉重置習慣這件事。
我請他思考一下像是**「即便是重置的關係，也能修復」**這樣交朋友的方向性的轉運法。

達也想到的轉運法是**「在喜歡的書吧咖啡館吃過午餐後，於下午和朋友聊天」**。這個轉運法有他自己的邏輯，像是「上午時大家都很忙且戰戰兢兢的，但到了下午就會比較容易聊天」「在書吧咖啡館獲取新知後會比較能與人打開話題」「那裡的老闆是個很好聊的人，能成為與

害自己」這種「自我破壞型」的崩潰時，就會顯露出人類軟弱的部分。

「自我破壞」這個詞看似恐怖，但其實所有人都在做著「輕微的自我破壞」。

把時間花在無意義的網頁瀏覽以及說著無謂的話時，就廣義來說就是在「浪費自己的生命」，可以說是在自我破壞。

情況輕微的就是在「消除壓力」，但若是因為「只能這樣做！」的情感因素而加速發展，就會進展到「自我破壞」的崩潰。

如果是割腕、酗酒、刷爆卡購物會給生活帶來極大障礙就是必須進行治療的疾病。但會閱讀本書的讀者，應該有多數人都是在發展到那一步前就意識到有煩惱。若是如此，希望各位能學習依靠「理性的我」進行控制的方法。

做為精神科醫師，我由衷如此期許著。

看起來像是因為內心不滿而喝著酒的人也絕非與我們無關。

請把對方想成是，因為某些原因，為了獲得暫時的安穩才那麼做的。

面對他人時，我們隨時都能以「理性的我」給出建議。像是能輕易說出「喝太多不好唷」「抽煙對健康不好喔」這些話。

可是，重要的是**能讓自己接受的方法**。

在第三章中，我介紹了六個人的事例。

每一個事例都是我至今遇見過的人，且是不限定為個人單一清況的範圍內。

各位是否能實際體會他們六人的故事並認為「自己與他們不同」呢？

還是會認為「**自己也有共鳴的部分**」呢？

如果是後者，相信你一定會引導自己變得輕鬆的。

第 4 章

應對棘手的「情緒化自我」的方法

寫給即便如此仍強化了負面情感的你

要能改變崩潰的自己，重要的是要靠「理性的自己」打造轉運法、控制情感，並獲得「豁然貫通的體驗（全面深信）」。

這些在第一～三章都敘述過了。

那個「豁然貫通的體驗」非常有助益，另一方面，我們也必須要提到「**一旦用錯方法，就會加強消極負面**」這點。

因為在第二章提到的「運勢魔法」一旦往負面方向運作，恐怕就會加強負面消極的想法。

「我『絕對』無法獲得幸福！」
「今後的人生中，自己『絕對』無法成功！」
「我『絕對』不會有受人歡迎的時候！」

就像這樣，會鞏固灰心喪志的心情。

尤其是在過去若有虐待、家暴、霸凌、失戀等重大創傷體驗時，與之相關的人事物就會成為契機，讓你擁有消極負面的豁然貫通感。

例如大家應該在喝酒時會感覺到「變輕鬆了」。

被客戶責備、在職場上發生了討厭的事，覺得有壓力的日子時，就會想要「暢飲」來借酒消愁。

藉此來暫時消除煩惱、不安以及壓力，若在隔日能切換心情為「好！來加油吧！」那就沒什麼問題。

可是若這種經驗成了習慣，就會認為**「要是有了壓力就喝酒。倒不如說，沒有酒就活不下去。只有酒才是人生活下去的價值。」**

若是引起上癮症、損害了健康，那就本末倒置了。

此時大腦內發生了些什麼呢？

最初應該會是「理性的我」在思考「用酒來消除壓力」。

然後不知不覺間「理性的我」的「不可以再喝了」的聲音就無法傳達給自己，由「情緒化自我」所思考的「想喝更多」「想忘記現實」則會急遽增加。

像這樣，我們可以在各種情況下看到從理性開始的事連結到負面消極方向的瞬間。

因為異性對自己說了很過分的話，就認為「異性是自己的敵人」，抑或是被喜歡的人拯救後，就堅定地相信「即便被對方毆打也要跟隨他」。

要能看清這些事，還是要看「理性的自己」能不能察覺到「不可以再這樣了」。

本章中將介紹應對棘手的「情緒化自我」的方法給無論如何就是會落入負面消極的人。

強烈認為「我就是這種人」的末路

「豁然貫通的體驗」就是由理性控制了情感而產生的感動體驗。

不僅是要靠大腦來理解，若是實際去做且一切順利時，就一定會覺得「雖然說不出什麼道理，但就是覺得接下來會很順利」。

例如偶然點了咖哩飯的那天，工作一切順利。

若是這樣的偶然持續個兩至三次，就會在無意識中生出「吃咖哩飯的日子工作就很順利」的轉運法。

因著「感覺就是會莫名順利」的效果，就會擁有自信、提高對工作的熱情。

但是，若進行這個轉運法過度了，情況會變成怎樣呢？

會轉向為負面消極，認為「今天忘了吃咖哩飯了，工作一定會不順利」，這麼一來，就是**轉運法連結到負面消極的瞬間**。

結果就會一直想著咖哩飯，無法著手工作，真的就會招致失敗。

有時為了自己好而打造的轉運法也會在不知不覺中引起新的崩潰。

無法放手過去成功體驗的人

在此要來說說因負面轉運法而體驗到被孤立的教師故事。

省吾（假名）是國中的資深老師，他有一個慣性的想法是「要以斥責的方式來指導學生」。

幾十年前，他還是新手教師時，似乎常被調皮的學生給瞧不起。學生會在上課中大聲喧嘩，提醒學生注意時卻被無視而導致無法順利上課。當時的資深教師告訴他：「對於不聽你說話的學生只能動手處罰。」他接受了這個建議。以此為契機，他打造了**「只要打不聽話的學生，他們就會改正」**這個轉運法。

學生們變得很怕省吾，據說當時在地方上他還以「能改變許多問題學生的厲害教師」而聞名。

就邏輯上來說，省吾因為透過能豁然貫通的轉運法與行動而獲得了讚賞，在他心中就生出了「應該要嚴格來教導學生」這樣豁然貫通的體驗。

那個轉運法在省吾心中發揮了強大的影響力，他染上了一個習慣，不僅是學生，就連面對家人與後輩教師們時也會嚴厲教導他們。

隨著時間的經過，省吾到了被稱做資深教師的年紀。

誠如大家所知，這個時代變得無法容忍老師行使暴力。

結果，**所有事在瞬間都變得窒礙難行**。

他因為沒收了學生們的手機而與家長們起衝突，或是因為大聲提醒學生而被投訴是威嚇，在教師間也視他為騷擾者。

他家庭中的衝突似乎也增多了。

不論是在職場還是家庭中，他都沒了棲身之處。

省吾相信著轉運法的未來，卻成了一片悲慘。

沒有人期待他，人們都認為他沒救了，他也漸漸覺得自己是「不被人們所需要」，對人生感到絕望。

老舊的價值觀也可以「另存新檔」

那麼聽完了省吾的故事後，大家有什麼感想呢？
或許會覺得「還真是拿前人的價值觀沒輒耶」。

可是各位或多或少也曾像省吾那樣，因為過去的成功體驗而形成了價值觀，並感到被那束縛著而活吧。
你如今認為理所當然的事，或許在幾年後也會成為很奇怪的行動。
連在本書中所打造的轉運法，或許也終有要放棄的時候。

但是沒問題的。
此時只要再一次自我察覺，你就能持續改變。

前述那位資深教師的不足之處，就在於不知道該怎麼自己打造轉運法。
而是毫無自覺地接受了過去順利行事的「暴力」。

只要知道了靠「理性的我」同樣能打造出其他轉運法，就能順利嘗試新的教育方法。

不論是怎樣的人，不論從何時起，都能生出朝向積極正面的豁然貫通體驗。

例如若能閱讀教育類書籍並去實踐理性自我認同的方法，實際體驗到學生以及家長給予了**「乍看之下雖很可怕，但只要開口說話就知道是位好老師呢」**這樣的評價，就一定會改變的。

要捨去負面的轉運法，積極的轉運法永遠都是很有效的。

要改變消極的自己，就要認識到這是第一步。

先做這些事，就能面對「不擅長的想法」

「我不擅長〇〇。」

各位或許曾強烈認定自己對某件事不擅長。

或許真的是不擅長，但老實說，你是否有點過度相信自己「不擅長」這件事呢？

其實，拒絕去做某件事，有時是「因為這樣做比較輕鬆」罷了。

假設你去玩了人家介紹的遊戲卻不太順利時，你可能馬上會放棄似的說：「因為我不擅長玩遊戲。」

這種想法當然是能輕鬆度過人生的方法，但**人生中也會有不得不面對的事情**。

例如異性的問題。

「女生說我很噁心，紛紛避開了我。」

「因為被人覺得長得不好看，無法跟男生對話。」

若是像上述那樣，在學生時代有了創傷，就會有著「不擅長與異性相處」的不擅長想法。

可是，長大成人後，繼續有那樣的想法好嗎？

恐怕會在某處碰到不得不克服的試煉吧。

又或者在職場就是會有你不擅長應對的人。
這種情況也一樣，但在工作現場會必須一起進行一件工作吧。
人生可沒有那麼簡單的能一直逃避自己認定「不擅長」的事。

這麼做能克服「拒絕反應」

總之，拒絕去做「不擅長的事」是在守護自己。
可是有時也會因為這樣而使得問題惡化。

例如「吵架後和好」的瞬間。
吵架後，對方說著「對不起」而妥協讓步時，你是不是會即便大腦想原諒對方，卻仍冷淡以對呢？

「明明原諒對方會比較輕鬆的……」

但你卻怎樣都無法接受來自理性自我的聲音，而會反射性的拒絕。

像這樣理智與情感完全無交集，讓崩潰的情況更形惡化時，究竟會發生什麼事呢？

若是因為理智與情感的鴻溝而痛苦，人就會去尋找能讓自己認同的「為什麼會這樣呢？」的答案。

「因為自己無法交到朋友」

「我本來就很討厭○○出身的人」

「我不適合談戀愛」

會像上述那樣，或是放棄，或是認定自己就是那樣。

會朝向消極負面的方向用理性去思考，並整理情感。

因為這樣的應急處置，內心就會安定下來。

可是隨著時間的經過，理性就會思考到「這樣下去不行」。

沒錯，**「應急處置頂多是短期的」**而已。

誠如在第九十二頁寫的，只要試著以第三者的視角寫出自己的事，就能看清楚這件事了。

而若是冷靜了下來，就能依靠「理性的我」打造出積極的轉運法，並不得不去面對不擅長的想法。

例如試著思考一下，不論你現在所感受到的是不擅長於什麼事的想法，都想成是和「不擅長於英文」一樣。

許多日本人都會覺得「我不會說英文」「我不擅長英文」，可是居住在英語圈的人會說英文是理所當然的。

如果在職場上來了會說日文的外國人，情況會如何？

又或者對方是你的戀愛對象，情況又會如何？

像這樣，身邊有著會說英語的人時，想法就會變成是「英語只要習慣了就很簡單啊。」

若「好像能做到」這樣的念頭成了開端，似乎就能漸漸克服不擅長的想法或是恐懼心。

正因如此，「豁然貫通體驗」的步驟一就是從「試著想像理想中自己」開始。

不論有多不擅長英語，首先一開始都要想像「自己在國外幹練地工作」。

如今在你心中的不擅長想法也是一樣。

請以像這樣的順序，在應急處置後，慢慢想清楚。

「扼殺情感」與
「控制情感」
並不一樣

或許有人會對到目前為止的內容出現抗拒反應。
各位是否會在腦中閃過**「這感覺就是依靠理性來扼殺情感」**這樣的念頭呢？

不論是誰，都是既有情感也有理性。
這兩者就像是坐蹺蹺板般，會在大腦中取得平衡。
不會偏向另一邊，而是隨時相互地來來去去。
也就是說，毫無疑問的，任誰都會有迎來「變理性的瞬間」。
本書中將解說捕捉到那個瞬間的自己時該怎麼來思考、該採行怎樣的步驟。

像現在這樣讀書的時間，尤其就是「理性」在運作。
在理性居優位時，希望大家能實踐本書的內容。

我想來加深大家對「控制情感」的理解。
理性與情感有時是很不協調的。

例如，孩提時候你是否有對喜歡的人惡作劇過？

之前一直很在意的人突然跟自己說話時，不禁就會無視對方，或是對對方惡作劇，像這樣的經驗應該任誰都有過吧。

只要想一下就會覺得這真是很奇妙的一件事呢。

若是喜歡，明明只要自己主動靠近，然後對對方說「來玩吧」就好。

但為什麼我們卻會採取矛盾的行動呢？

其中就與「**羞恥心**」與「**恐懼心**」這兩種情感有關。

「如果周遭的人都知道我喜歡他，那會很不好意思」（羞恥心）

「害怕背後有人亂說話，導致被對方拒絕」（恐懼心）

我們的行動很輕易地就會被這些情感所左右。

孩提時代尤其無法應對自己的情感，三不五時就會採取極端的行動。

孩子會說「討厭」最喜歡的媽媽、就算惡作劇被罵了卻還是重複那些行為，總是會做出很不協調的行為。

此時，孩子是故意做錯事來觀察雙親的反應，或是因為知道了自己破壞規矩後會有怎樣的下場，**來學習「社交性」以融入社會**。

這麼一來，就會學到社會的規矩與人的情感。

可若是為了成長而體驗到失敗，因而有了消極的體驗，有時就會學到棘手的慣性思考。

只要以「壓力的有無」來決定就好

人為了在社會中生存，本就會面臨抗拒情感的瞬間。

「今天雖然很沮喪，但仍得要表現得很開朗」

「其實不喜歡，但如果不好好相處會尷尬」

「為了讓母親放心，刻意隱藏不安的心情」

「為了配合周遭的人，就說了其他人的壞話」

應該所有人都曾像這樣有過**扼殺自己情感的瞬間**。

做為處世法，這是你讓嶄新大腦成長並學會能在人生中存活下來的技術。

「扼殺情感會比較輕鬆」。

之所以會這麼想，就是因為如前述那樣，**是必須的應急處置**。

請褒獎自己採取了那個行動吧。

你可以將那行動評價為「忍受了壓力」。

那麼，那些行動有什麼問題呢？

如果一直扼殺情感，就會一直處於勉強自己的狀態，反而會產生壓力。

如果那不是暫時的忍耐，而是成了慢性的「生活方式」，就會變成痛苦。

在精神醫學中也表明，**扼殺自我而活，會對身體造成超乎想像的傷害**。

壓力對人體也會在各種形式上造成影響。

例如各位應該有聽過「因為壓力而造成了胃潰瘍」「頭髮變稀疏了」這些事。

約翰霍普金斯大學的研究指出，人會因為慢性壓力而在身體中增加過多有壓力荷爾蒙之稱的「皮質醇」，這會降低記憶力以及洞察力，還會讓大腦萎縮。

而且現今也以得知，若皮質醇持續增加，還會引起高血壓、心臟病、肥胖以及憂鬱症。

我們總是把「忍耐對身體不好」這句話說得很理所當然。

既然如此，我們就應該要停止「持續」扼殺情感的狀態。

「暫時性控制情感」與「慢性地扼殺情感」是兩件不同的事。

請各位確實理解這個分別。

爲什麼會對自己採取的行動有「罪惡感」？

即便是被認為在社會上非常成功的人也有崩潰時候。

各位是否聽過「**冒名頂替症候群**」這個詞呢？

我們會用這個詞來稱呼「覺得自己像是騙子或冒牌貨（impostor）的感覺」。

冒名頂替症候群就像婚前憂鬱症以及五月病*，是心理健康引起的一個問題。

即便在工作上極為成功，有時也會表現出謙遜。

「只不過是運氣好點罷了」。

「其實是受到了周遭人的幫忙，不是自己的實力」。

若是內心認為「自己也是有點實力的啦」，對自己有自信，那就不會有什麼問題。

謙虛的性格當然很好，但太過就是個問題。

其中也有人無法接受自己的成功，打心底無法消除負面想法的。

＊註：日本的常見說法，日本的新學年及工作年度多在此時開始，新入職的員工或開始新學期的學生容易在此時產生壓力而出現情緒低落的現象。

罪惡感的構造是什麼？

「冒名頂替症候群」是無法接受自己的心理現象。

的確，我們實在無法將「中了一億元彩券」認可為是「自己的實力」。

可是，如果是自己親力親為的事業，乘著時運大獲成功並賺取了一億元，就可以坦率地將之認為是「自己的實力」。

而且即便是中了彩券的情況，或許也有「試著下定決心買買看」「是調查了有中過獎的店家才去買的」「買了之後有去祈禱」等努力。

正因為你做出了行動，用自己的判斷去買了彩券才會中獎。

儘管是這樣，仍有人怎樣都無法接受因自己的「行動」所產生的「結果」是實力。若認為「對努力所獲得的報酬有些承擔不起」「自己不配有這樣的成果」，總想著要填補在「行動」與「結果」間產生的巨大鴻溝，就會做出消極思考，像是「自己是不是做了什麼不好的事？」「太成功了，這是不是之後會出現什麼壞事的預兆？」

讓自己往負面方向做出豁然貫通的體悟。

大腦有個習慣是，若發生了無法認同的現象且感覺其鴻溝過大時，就會想盡辦法推導出原因。

即便對人生來說是負面的，人們仍會為了讓大腦處於安定狀態而接受。

不論是自己還是他人都過於順風順水時，就會覺得「是不是有什麼在搞鬼？」

有時對他人會有輕微的嫉妒，但若對自己也有這樣的念頭，就會產生出生存痛苦來。

這就是冒名頂替症候群的恐怖之處。

你負責的活動
大成功呢！
…
我什麼都
沒做！
都是…
託了…
周遭人
的福…

感覺「心中有愧」的人

以下要來說說逃避升職的上班族奈緒（假名）的故事。

奈緒因為覺得「不想出風頭」「心中有愧」，而在內心想著「自己若是升職了或許會遭到嫉妒」。

她過去曾有「只有自己考取了理想的學校而受到好友嫉妒」「曾被人欺負，要她不要因為長得好看就得意忘形」「在社團活動中很努力，結果增加了要指導後輩的負擔」等這些創傷經驗。受此影響，她獲得了消極的體驗，認為「**不要出風頭。不要做出改變會比較輕鬆！**」

結果，她對成功這件事萌生出了「羞恥心」與「恐懼心」。

她每天單只是上網，也都會強化這樣的慣性。

因為在社群網站上，愈是成功的人或有名的人，就愈是會被人說壞話。

「那傢伙很陰險」

「那種事誰都會做」

「那長相真不可愛，簡直到了會造成社會騷動的程度」

因為看到了這些誹謗中傷，奈緒於是更強化了自己的冒名頂替者症候群。

結果奈緒拒絕了升職，漸漸失去對工作的熱情。

看到別人被說壞話時，應該有很多人都會覺得像是在說自己一樣。

另一方面，能夠認可自己實力的人能避開他人的誹謗中傷。

自我承認自己的成功是非常重要的。

順帶一提，根據在二〇一七年舉行的女性活躍推進研究計畫研究指出，針對「是否覺得在商場上獲致成功的女性容易招致嫉妒」這個提問，有二十二%的女性回答「符合」「稍微符合」。

雖然數字看起來沒有那麼大，但與男性的七%比較起來，差了有三倍。

女性會比男性在升職或成功上更覺得沒自信。

如此說來，我也曾覺得自己有冒名頂替症候群。

我努力準備醫學院的入學考試並投身醫療現場，也有幸見證許多患者康復，也收過感謝。

即便是非常投入工作的時期，在內心某處仍有著「自己有好好地做為醫師在工作嗎？」的自責感。

不論多努力，都無法認可自己。

如果沒有自我褒獎，即便獲得周遭人的感謝，有時無論如何都無法接受，會懷疑「這是真的嗎？」

這時候我也會花時間使用「轉運魔法」以獲得「豁然貫通的體驗」。

不論多痛苦，都能透過想法來改變自己。

「不論是多小的事，都自我褒獎吧」

這樣的建議說來容易做來難吧。

所以在第四章最後，我們要再來重複一次利用轉運魔法以生出豁然貫通體驗的方法。

來改寫負面消極的想法吧

人要重新改變想法，會是在「理性的自我」察覺到問題時，例如：

「這樣下去不行！」

「想改變麻煩的自己！」

因為本書，你已經能察覺到「大腦好像有點崩潰！」

如果消極的情感困擾著自己，只要靠理性的我製作轉運法，引發「豁然貫通的體驗」並改寫就好。

而是否為好的轉運法，重點就在「**是否能積極地對人述說**」。

如同腳上的刺會讓你每次走路都受到疼痛，人的消極慣性思考會在每次思考時都無意識地生出，成為「自動思考」。

所以我們要拔出刺，打造積極的轉運法。

為此就需要以下四個步驟：

「認知」→「情感」→「行動」→「迴轉」

要落實這些步驟的流程是：

- 步驟1　想像自己的理想
- 步驟2　用數字來觀察情感
- 步驟3　試著打造轉運魔法
- 步驟4　就算失敗也要重複去做

第二章介紹過的這些步驟，能做為改寫你頑固消極面的方法，以下就來介紹一些事例。

「直昇機家長」的影響

慎二（假名）是在嚴苛的管教下成長的。

因此他說：「自己成了個只會等待指示的人。」

過度保護或是在管教過於嚴苛的環境下成長，看起來是會養出好孩子，但另一方面也會讓孩子「無法培養出自主性」。

根據最新研究得知，父母對孩子管教或教育的影響其實並沒有那麼大。

話雖這麼說，家庭以及教養環境仍有可能會對孩子之後的人生造成不好的影響。

因為有很多人即便長大成人後，依舊遵守著「吃飯時不要看電視」這樣的家庭規則。這樣的家庭規則若是與社會的規則間鴻溝過大，甚至會影響到孩子將來的人生觀以及價值觀。

在美國，稱過度保護孩子的雙親為「直昇機家長」。

他們會在孩子周遭如直昇機般繞飛、細心照顧，甚至出言干涉他們的交友關係。

在日本或許說成是「過度保護的毒親」會比較好懂。

佛羅里達州立大學等研究表明，被直昇機家長養育的孩子，將來容易變成「燃燒殆盡症候群」。

提到燃燒殆盡症候群，一般認知是，在充滿壓力環境中工作的人會突然罹患上如憂鬱症的症候群。

可是，在先前的研究中也說，在受到過度保護環境下長大的孩子，忍受不了因學習以及考試所帶來的壓力。

慎二說，他從幼年時起就沒有過「失敗體驗」。

「除了考試，像是社團活動的大會以及演奏會等要進行挑戰前，我也會謹慎地排練。而且當然是會照著父母說的話去做。快要失敗時，我也曾選擇『放棄』這個選項。」

慎二的母親只讓他去考「合格率八〇％」的學校。

他從幼年時起就有練習鋼琴，國中二年級去參加演奏會前，母親卻認定「要正式上場還太早了，所以這不適合你」而讓他退出。

這些都是出自母親為了慎二著想，過於擔心他「要是失敗了很可憐」。

我們的確是不想看到自己的孩子失敗、沮喪。

但是，我們不應該讓他們逃避這些。
重要的是要教會他們，「就算失敗了，也能重新站起來」。

請環顧一下成人的世界。
愈是說著「那個時候失敗了，真的是很難受吧～」的人，意外地個性都很堅韌不屈。
那就是受到了有沒有克服過孩提時代的挑戰以及失敗的影響。

- 在鋼琴發表會上失敗了
- 交朋友失敗了
- 考試失敗了

慎二的母親就像是「直昇機家長」，剝奪了那些重要的「失敗體驗」。
站在父母的角度，會為了孩子好而阻止他走向錯誤的方向。結果，他就無法在考試或工作等中，學會靠自己面對壓力的應對法。
然後他就被稱做為「等待指示的人」，而且養成了立刻就放棄的思考慣性。

直昇機家長經常會說：「照我說的話去做不就好了嗎？」

的確，若是把一切都交給人生經驗豐富的成人雙親，或許會比孩子自己去做來得更順利。

可是，若是養成習慣把所有人生的選擇都交給父母，就會成為是「重要的事只要交給父母決定就好」這樣的豁然貫通體驗。

最後就會在喪失自立心的情況下出社會。

慎二表示，上司跟他說：「你們這一代的人都不主動找事做吧？」

這句話讓他大受打擊，讓他覺得「這樣下去不行！」

那麼，自覺到自己是「等待指示的人」的慎二能順利改變自我嗎？

能夠克服「羞恥心」的魔法是？

從結論來說，從自覺到自己是「等待指示的人」的瞬間起，就能花時間來慢慢改變自己。靠自己去察覺是最重要的。

在此重要的不是立刻能改變些什麼，而是暫時停下腳步，觀察自己「為什麼我會被人說是等待指示的人呢？」

之後在想著「想做些什麼！」並且由「理性的自我」發現自己消極性格的瞬間，人就會開始改變。

慎二配合著前述的四個步驟克服了這點。

●① 想像自己的理想

首先我請慎二想像「理想的自我」。

我請他想像「想成為在工作上由自己提出想法並獲得認可的人」。

● ② 用數據來觀察情感

那麼為什麼至今仍無法提出自己的想法呢？

在此我請慎二用一天的數據來回顧為什麼自己無法做出行動。

不得不和上司說話時，他察覺到「腦內在進行模擬超過三十分鐘」。

他想著自己說的話是否「很丟臉」，害怕著「不想被罵」。

人在感到羞恥與恐懼時，就無法做出行動。

同時我請他想一下，回顧一天，在哪個時間帶容易與人搭話呢？

結果他察覺到，避開早上及傍晚，在中餐後的午休時間會比較能順暢談話。

● ③ 試著打造轉運魔法

午餐後的休息時間會比較容易與人談話。我請注意到這一點的慎二更深入思考能愉快持續進行談話的轉運法。

結果他採取的轉運法是「午餐後，只要聽一首提振人心的歌曲再說話，工作就會順利」。

然後在與上司說話時，感到羞恥與恐懼的程度就降低了。

●④ 就算失敗，也要試著重複去做

因著這個轉運法，他增加了主動向上司搭話的機會。

因為聽了音樂並提振心情後再說話，上司對他的看法也改變了。

或許有時也會因「現在很忙」而覺得厭煩。

不過，**即便失敗了仍能重複去做，正是轉運法的強項**。

只要再一次找到時機，重聽音樂並搭話就好。

這麼一來，不知不覺間，他就成為了「能主動提出想法的員工」，最終讓自己的想法獲得採用。

能走到這步就沒問題了。一個豁然貫通的體驗就有機會變身為理想的自我。

慎二就這樣因著打造了自己能認同的轉運法，而能夠面對羞恥心與恐懼心。

然後不僅是自己，甚至連周圍的評價都會改變。

即便閱讀至此，當然仍會有人認為「怎麼可能那麼簡單就改變」。

也有人會認為「這不過是理想論吧」。

可是，在本書中登場的小故事全都是以實際情況為底本。

人們的「成見」對人生造成的影響力真的很驚人。

連你至今認為是創傷的事件、認為討厭且絕對無法修復而逃避的人際關係，我深信也都「能用豁然貫通體驗來改寫」。

能做到這點的人就能改變自我。

第 5 章

讓心靈在往後的日子裡
都「一直安定下來」的智慧

往後也能讓心靈「一直保持安定」的方法

閱讀本書至此的你是否能接受以下的觀點呢？

「或許我會有情緒崩潰的瞬間，但那也是件好事。」

如果能客觀接受自己消極的一面，並「包容」那也是自己可能性的一部分，就能獲得可以改變人生的「感動體驗」。

我在第二章中盡可能詳細解說並簡單重現了這個方法。

而且也在第三～四章內說明了體驗談以及附加的知識以讓各位能認同這個方法。

到目前為止的內容，請務必當成你的習慣在日常生活中採用。

即便只有多一位讀者也好，我也希望能讓各位獲得「豁然貫通的體驗」。

不過，或許要一直維持這樣的動力很辛苦。

因為**不論貌似多堅韌不屈的人**，心靈終有會崩潰的時候。

不論是怎樣的人都會因好事而開心，因壞事而悲傷。

那是永遠都不會變的。

若是持續悲傷，或許就會忘了本書的建議，無法立刻想起。

因為依靠書本所傳達的東西是有限的。

闔上書後，即便有那麼瞬間提升了動力，在過著日常生活時，應該也難免會有「回歸原點」的時候。

那麼，該怎麼做才能讓心靈安定下來呢？

在本書的最後一章，我想來面對這個課題。

用「槓桿原理」來思考壓力應對法

要讓心靈之後也一直處於安定狀態，我認為要**「擁有超強的想像力，能隨時都想得起來」**。

那就是這本書能做到最大限度的事。

因此以下就來利用插畫，說明「心靈與壓力」的關係吧。

心靈安定的狀態，可以改說成是「能自我控制的狀態」。

不僅是精神上的意義，還包括了身體上、社會上都能自由地控制自己的狀態。

「即便發生了討厭的事，也能自己控制心情，往好的一面引導自己」

「即便工作很辛苦，也能控制自己的能力，做出好成果」

若自己是這樣的，就可以認為心靈是安定的。

可是，無法應對壓力時，就是束手無策的狀態。

如前一頁下圖就是無法控制。

心靈不安定時，人就無法忍耐壓力。

要應對這樣的壓力，不須要勉強用力。

在此，需要的是成為槓桿的「**支點**」。

在第二章說過的「自動思考」就能擔任這個支點的角色。

如下頁圖所示，請想像一下使用槓桿原理，能順利控制壓力上上下下的狀態。

壓力過大時本就舉不起來，本人的力量若弱小，即便是小壓力也舉不起來。

這樣的壓力與力量間的關係呈現安定、平衡的狀態時，就是「心靈處於安定狀態」。

以這個圖為基礎，以下要來說明讓心靈穩定下來的方法。

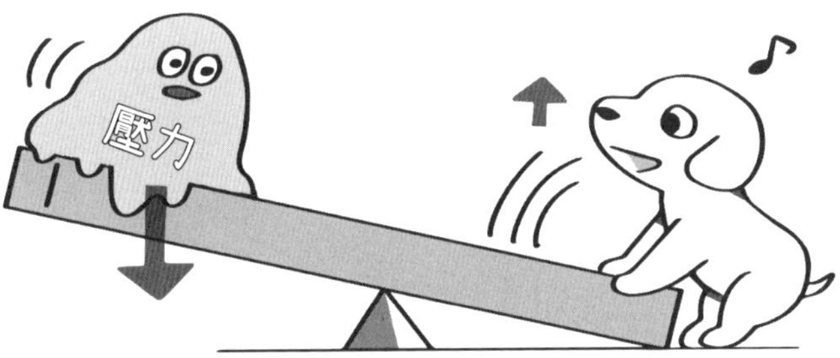

讓心靈安定的三個步驟

那麼，若掌握了能讓心靈安定下來的想像，接下來就來學一些稍微簡單點的物理原則吧。

一聽到物理學，或許有些人會退避三舍，但這裡想要談的是**「心的物理學」**。

因為頂多只是容易想像心靈這個輕飄飄的概念，只要掌握到能勉強了解的程度就是大成功了。

若是用先前槓桿的圖來說明，相關的力只有三種。那就是**「力點」「支點」「作用點」**三個。

若是把人的心靈想成是由這三者所構成，方法就很簡單。

能安定心靈的方法就是以下三者：

- 加強「力點（心的力量）」
- 改變「支點（自動思考）」
- 減弱「作用點（壓力的重量）」

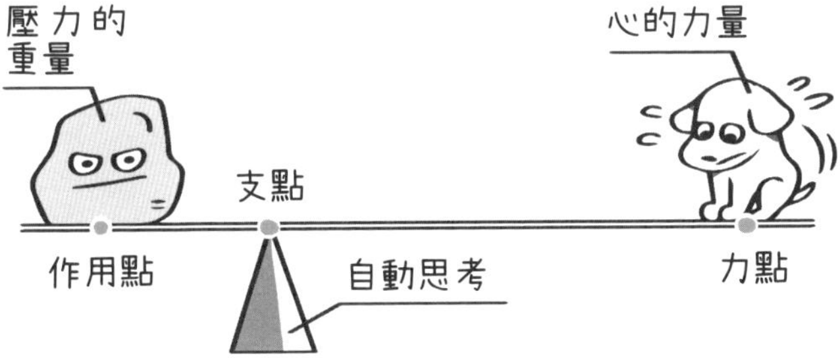

心靈處於安定的狀態就是使用這三個方法順利讓壓力上上下下的狀態。
反過來說，心靈不安定的時候，就是這三者中的任一個出現了問題。

心靈是能變強的嗎？

想要簡單舉起沉重的壓力，大家應該馬上會想到的是「只要用更大的力就好」。
可是簡單想著「因此就必須要鍛鍊內心嗎？」是很輕率的。
其中我們會忽略掉兩個事實。

- 「一個人有其界限」的事實
- 「一定會對用的力產生反作用力」的事實

不論內心有多強壯，只要施加了比自己還重的壓力，就無法舉起槓桿。
施加在力點上的力愈強，反作用力也就愈大。

例如內心強大的人想要大力的驅趕走壓力。

可是相應的負擔一定會反彈回來。

你的周遭是否也有人是「看起來內心很強大，卻因為努力過頭而出現反作用力倒下」的呢？

所謂的心靈，從外觀上是看不清的。

正因如此，才要捨棄心靈是「強大・脆弱」這樣的想法。

最好想成是「任誰都會有內心受挫的時候」。

要加強「力點」，可不是單純地只要施加更強的力度就好。

要讓心靈安定下來，能用「想出力時就出力、想放鬆時就放鬆」這樣適度的力道來控制槓桿的平衡很重要。

那麼該怎麼做才能控制施加在「力點」上的力呢？

答案很簡單。

有個方法是「和某人互相支持」。

這麼一來，在「力點」上就能施加適度的力道，疲累時也能放鬆。

看起來很單純，但要讓心靈安定下來，請記得，有人能和你一起用力、陪伴著你很有效。

有幫忙支撐「力點」的夥伴

前項中說明過，陪伴著自己的夥伴能帶來心靈上的安定。
若只看這點，或許有人會認為「那結婚不就好了？」
然而現實是，在精神醫學上已經判明，**婚姻制度與心靈的安定一點關係都沒有。**

當然，若能受到好的對象的照護，應該就能過上平穩的每一天。
可是，周遭應該有人反而是「因為結婚而導致心靈不安定」的吧？

也就是說，所謂的夥伴或伴侶不單限定於婚姻制度。
有的人是過著充實又幸福的單身生活。
相反地，也有的人雖結婚了，卻過著孤獨的不幸生活。
其實根據研究表明，單身的人反而與家人、朋友、工作的同事間有更強的連結，難以感受到孤獨。
而婚姻生活愈是長久的人，愈是會以伴侶或孩子為優先，所以朋友就比較少，工作上的人際關係也有比較淡薄的傾向。
「結婚後就變了呢」「不應該是這樣的」若結婚生活變成了這樣的不幸，那就無法讓自己的心靈安定下來。

要讓心靈安定下來，不僅限於婚姻這個制度，不論是單身還是結婚，都需要能一起對「力點」施力並支持自己的同伴。

同伴的「必要元素」是什麼？

根據各項研究顯示，「孤獨」對人來說就像是肥胖與香菸那樣是有害的。據說，愈是感覺到「孤獨」的人，愈是找不出人生的意義而容易生病、對身體造成不好的影響。

能讓人不感受到那樣的「孤獨」並支撐自己的，才是真正的同伴。要找到真正的同伴，有三個重點。

- 物理距離是否接近？能否輕鬆會面？（靠近性）
- 價值觀以及想法是否相近？是否會為要聊些什麼話題而困擾？（類似性）
- 實際會面的次數多嗎？會多次碰面嗎？（重複）

若沒有以上這三點，一起支撐「力點」的力道就會減弱。

所謂的「靠近性」就是「距離」要近。

人在物理上愈是感覺到靠近的人，愈是會有親近感。

若是久久沒能回到老家，即便是雙親，也會生出「奇怪，以前是這樣的感覺嗎？」這樣不協調的感受。

遠距離戀愛的情侶也是，距離愈是遙遠，愈容易分手。

從學校畢業後，與交情好的朋友間關係會變淡薄，話也變得不投機。

「類似性」則是價值觀或喜好等「感性」是否相近。

在一起時是否會覺得累？是否會有不協調的感覺等很重要。

若是面對不熟的人，就會費心力加深關係，對要聊什麼很困擾，於是就會生出沉默。

即便順勢結了婚，**若是感性差異過大，衝突就會增加，並且對待在一起感到有壓力。**

「重複」就是「次數」多寡。

人愈是見面愈能懷抱親近感。

重複觀看電視廣告的相同產品後，無意中就會對那個商品產生出親近感，並生出信賴感。

同樣的，若是在職場或學校多次碰面，就會在不知不覺中產生親近感，容易發展出愛情。

「重複」與物理上的距離無關，即便是在社群網站上的連結，也會覺得有親近感。

比起在職場上完全沒說話的人，在社群網站上幫你按「讚」的人會更能緩和你的壓力。

不過，「重複」還有一個效果是會讓我們面對喜歡的人更喜歡，面對討厭的人更討厭。因此重要的是，要合併「靠近性」與「類似性」後來使用「重複」。

做到這三點並讓你直覺感受到與自己「適配」的人，就是能消除孤獨感的理想同伴。

這名同伴當然不限於是異性。只要是能消除你孤獨感的人，例如雙親、手足等家人，以及同性朋友、飼養的寵物等，就是能給予你支持的「力點」。

遇見理想同伴的方法

那麼，該怎麼做才能遇見理想的同伴呢？

做為一名精神科醫師，我見過形形色色的人，其中的共通點就是「與擁有相同興趣的人相連結」。

聚集在Comic Market（在日本舉辦的大型同人誌即賣會）的人在性格上也不都是社交又開朗外向的。

反而平時都不太說話，在與朋友交往上給人消極印象的人很多。

儘管如此，在活動上，只要聚集有相同「喜好」的人，說起話來就會滔滔不絕、建立起好交情。

透過去到能滿足「類似性」的場所，就容易產生出邂逅。

之後只要再遇見能滿足「靠近性」「重複」的人就好。

戀愛也是，如今交友APP是主流。其中的做法也一樣。

順序是，先找出有相同「喜好」的共通點，之後再試著實際見面，看看是否投緣。

重點要察覺自己是否有「自己『絕對』無法擁有同伴」。這樣消極信念。

如果這麼想的原因是年齡或是過去的創傷所導致，請實踐本書到目前為止的內容以克服。

人無法改變過去的事，**但能因為之後的想法而逐漸改變「不擅長意識」**。

說起來，我自己也沒有那麼多朋友。

不如說大多數的人際關係可能反而帶來了不太愉快的經驗。

可是即便如此，我也沒有拒絕新的邂逅。

沒有人能與每個人都交好。人與人一定有所謂的投不投緣。

既然如此，在某處就一定會有支持你的同伴。

相信這點，別想著要一直靠自己一個人應對壓力了。

該如何移動「支點」？

要讓心靈安定，就要想一下第二五一頁所說的「力點」「支點」「作用點」。

到前項為止，我們說過了「力點」，接下來要講「支點」。

這裡提出一個物理的問題。

下圖中，哪一個比較容易舉起壓力呢？

應該要看的重點是**「支點的位置」**。

上方的「支點」比較接近壓力，下方「支點」的位置則距離壓力比較遠。

因著「支點的位置」，施加在「力點」上的力度大小就會不同。

實際用在桌上的東西測試一下就會知道，上方的圖會比較容易舉起壓力。也就是說，這樣狀況下的心靈會比較安定。

支點

支點

就像這樣，因著挪動「支點的位置」，即便是相同的力道，作用力的大小也會不同。
在此要再複習一下，所謂的「支點」就是「自動思考」。
發生某件事，在無意識中對該事件生起了恐怖、不安等情感就是「自動思考」。
因著挪動了那個「位置」，就能削弱影響力。

讓人最為煩惱的壓力原因，據說就是「人際關係」。
若是每天都要和會職權騷擾的上司碰面，心靈當然不會安定。
同樣地，若是和班上會霸凌自己的人一起進行社團活動，單只是這樣就會胃痛吧。

像這樣的恐懼與不安可以透過與壓力間的距離來做控制。
即便是煩惱於職權騷擾上司的狀況，也能透過改變單位或負責事項來減輕壓力。霸凌也能透過轉學或轉班來拉開距離而終止。

自動思考能因改變環境而獲得控制。
要改變「支點（自動思考）」的影響力，改變環境是最省事又有效的。

各位是否聽過「適應障礙」這個病名？

那是因為壓力而引起憂鬱、沒精神、失眠等症狀的精神疾病，被視為「因環境的變化而容易發病」。

成為契機的環境變化會因人而有各種各樣的狀況。

目前已知，因搬家、工作異動、入學、離婚等負面原因而發病的案例很多，另一方面，也會因結婚、生子、升職等正面的環境變化而引發病症。

這種適應障礙，其實很大成因是因為自動思考所引發的無意識情緒讓人感到疲憊。

因此，調整環境、遠離會引起你恐懼及不安的事物，是目前最有效的治療。

雖然這是以適應障礙為例，但談論「為了讓心理狀態穩定下來而學會自動思考」時，可以說是相同道理。

「你的價值」會因環境而改變

不論是誰，總會想著要找出自己活著的意義。

或許會想找出「在社會上對某人有助益」「養活家人」「守護世界」這些偉大的生存意義。

可是在此希望大家記住一件事，**社會上不存在有著不可或缺「絕對價值」的人**。

例如日本的總理大臣。

就連總理大臣也是一旦過了任期，就馬上有另一個人來就任。就社會上看來所謂「絕對價值」的事物，就這個程度而已。

包含我在內，所有人都是平等的，就社會看來，可以說都是「沒價值的存在」。

「人本身並不擁有絕對的價值」是一種希望。

在日本，我們難以察覺自來水的價值，但若是在山頂或沙漠正中央，自來水就有極高的價值。

與此相同，因為靠著「需要你的人」「需要你的場所」而活，就會生出單屬於你的「相對價值」。

我們不是靠著由社會所決定的「絕對價值」而活，而是因為提高了身而為人的「相對價值」，才能輕鬆地讓內心安定下來。

我曾有段時期是在東京的精神科急診醫院裡忙碌工作。

那時候我充滿著自信，真心認為「我對這間醫院來說，是不可或缺的存在」。

可是有一天，我因為忙碌而弄壞身體倒下了。

我很羞愧於無法做好自我管理，對治療中的患者們真心感到很不好意思。最重要的是，我想到**「自己要是不在了，醫院會亂成一鍋粥吧」**。

可是即便我不在，醫院還是正常地發揮功能，而且患者也被轉介給了其他醫師繼續治療。

我就只是高估了自己的「絕對價值」而已。

之後，我因為參與了地區醫療，於是被調動到了地方上沒有醫師的村子去。

與都會的急診醫院比起來，地方醫院中的病患數有限，甚至有些日子連一名患者都沒有。

可是在那個地方，只有我一個精神科醫師，所以受到村人們的盛大歡迎。
所以在那段時間，我由衷感受到了充實。

就社會來看，我的「絕對價值」不論是在東京還是鄉下，大概都是一樣的。
可是因為被讓人感受到有「相對價值」的人們圍繞而有自己找出生存意義的價值，這樣的價值讓我「感覺」明顯高出許多。

人生要活得有意義，就要和能確實認可你價值的人一起過。
那麼，能認可你價值的人在哪裡呢？
對朋友、家人或寵物來說，你應該就是無可取代、「相對價值」很高的存在。
「你活著就有價值」。
和這麼想著的人一起度過每一天，你的心靈往後一定會保持安定。

該如何減弱施加在「作用點」上的力呢？

在此有一個關於壓力的疑問。

「最好是完全沒有壓力。答案是『對』還是『錯』？」

被人這麼一問，或許你會覺得答案是「對」。

可是壓力也會生出「價值」「生存的意義」。

對人們來說，那些就會生出達成感或自信。

反過來說，完全沒有壓力則會生出空虛感。

如果讓你在家中度過一整天，並提供你飲食以及讓你去做任何想做的事，情況會是如何？

咸知，若是一直處在完全沒有壓力的環境中，人是會生病的。

壓力就跟營養一樣，既不能完全沒有，也不能攝取過度。

「減輕」壓力的好主意

我認為以下兩種方法可以減少壓力。

第一個是「**減少物理性的壓力**」。

壓力就像是肌力訓練用的啞鈴，若是一下子就用上一百公斤的啞鈴，那是舉不起來的。對自己來說「剛剛好的重量」最重要。

例如即便是同一件工作，「**單只是減少花在通勤時間上的壓力**」，壓力就會減輕。

根據墨爾本大學的研究指出，在職場上，通勤時間愈長的人，愈容易損害健康。

此外，紐西蘭金融服務公司所進行的實驗也指出，若薪資維持不變，但將週休二日制換成週休三日制後，生產力就會提升近二〇％，壓力程度也會減輕。

就像這樣，有不少辦法可以減輕工作上的壓力。

第二個方法是「朝壓力的反方向作用」。

如果畫成圖，就會像是下方圖的感覺。

用圖來說明，內心的重量會因為負壓力而產生，但也能因讓內心變輕鬆的**「如氣球般的正壓力」**而消除。

即便樹幹無法順利運作、內心無法安定下來，也能因「正壓力」而減少負擔。

那麼，什麼是「正壓力」呢？

這會因人而異，所以要先統整一下「正壓力」與**「負壓力」**。

所謂的壓力據說本是受到外部刺激時所產生的緊張狀態。

嚴格說來，是「針對會對生物起作用的外來刺激（壓力源）而產生的生物非特異性反應的總稱」。

也就是說，是因為刺激而被誘發的「反應」。

因此，其實「平常所感受到的各種刺激」都會產生壓力。

例如有人祝賀自己「生日快樂」時，你應該會感到很開心。

這樣「開心」的反應也是壓力，反過來說，被上司責備所感受到的「不愉快感」也是壓力。

不過因人而異，也是有人在被祝賀生日時會覺得不快：「被人知道老了一歲，很討厭！」

這麼一來，配合自己精選出什麼是正壓力、什麼是負壓力就很重要。

像是桑拿或馬拉松那樣的興趣，在一開始是只會因為熱以及疲憊而產生出壓力的行為。

但是重複幾次後，就會因為戰勝壓力而產生出「極大的成就感」。

在此有一個訣竅可以解放壓力。

若大腦能達成只在固定時間內承受並擺脫壓力的目標，就會感到有「成就感」。

不論是桑拿還是馬拉松，愈是能忍耐住壓力，就愈能感受到之後的快樂。

這個快樂的構造就與本書中說過好多次的「豁然貫通的體驗」一樣。

視每個人的情況不同，壓力的正負也不一樣。

內心脆弱時，或許就只會看到對自己來說是「負壓力」的壓力。這時候就請仰仗同伴，或是採用轉運魔法。

不過，重要的是，之後在內心稍微安定一點的時候，要接受「正壓力」。

依此就能常保心靈的安定。

心靈安定時，可以接受以下這些「正壓力」：

- 「感受運動後的疲憊」
- 「試著進行要用腦的興趣」
- 「與會刺激自己的朋友見面、談話」
- 「試著去做會受到他人感謝的志工活動」

因為有那個體驗，你的壓力就會減輕。

而接下來也能保持住內心的安定。

那麼，在第五章中我們已經說過了此後能安定下心靈的三個方法。

進行過第二～四章敘述過的「打造轉運法」以及「獲得豁然貫通的體驗」後，請務必用這三個方法來維持住心靈的安定。

因此希望各位能將到目前說明過的「槓桿原理」印象深深烙印在腦海裡。

如果各位閱讀到此，相信就一定會去做吧。

而想著「或許自己也能改變？」就是一個機會。

來吧，來好好面對「情緒化自我」吧。

結語

最後我想要傳達給閱讀到此的你一個關於「幸福」的智慧。

「對你來說『幸福』是什麼？」

在日本，像這樣的提問或許會給人一種靈性的感覺而遭人討厭。
可是「你內心的安定」與「幸福」有莫大的關係。
因為特性上是消極又容易情緒崩潰的人其實有時也很容易獲得「幸福」。關於這個理由，我想在本書的最後來做說明。

人所感受到的「幸福」有各種各樣。
例如吃到好吃的布丁時，人會覺得「好好吃！」且擁有幸福。
與食物、酒、賭博有關的幸福感有「即效性」。

可是其反面是也有容易冷卻下來的性質。

另一方面，與喜歡的人一起度過、在公園或海邊悠閒散步等，則會有讓人感受到逐漸滲入內心的幸福感。

就像這樣，緩慢感受到的幸福才能誕生出心靈上的安定。

話雖這麼說，「人的幸福型態是因人而異」。

有的人喜歡孤獨，獨自一人時會感受到幸福，也有人是在喧鬧的場合中感受到幸福。

因此，我希望大家能知道符合於全人類的「幸福的法則性」。

例如「疾病痊癒就會幸福」是所有人都符合的幸福形式。不論是社會上的成功人士還是犯了法的罪犯，大家都一樣會生病。

我們無法違逆這自然規律。

不論是癌症或腦出血等重病，還是感冒等小病，疾病都會阻礙人們感受到幸福。

而從那些疾病中康復，回歸到一般日常生活時，所有人都同樣地會感受到「幸福」。

又或者是住在日本卻不會日文，就會覺得很不幸。

不使用日文就難以在日本社會中生存。

難以找到工作，能找到另一半或要交朋友的地方也有限。

這麼一來，出生在日本的我們能學習到日文，就能想成是已經獲得了眼所未見的幸福。

這些幸福是眼睛所看不見的。

可是卻是確實存在的。

雖然罹患疾病是無法改變的「命運」，但透過減鹽、減量，採取正確的生活習慣，也能過著不太會罹患糖尿病的人生。

如同無法改變雙親或天生的性別，或許我們人生的九十九％都是被決定好的「命運」。

可是，透過採用一般性的幸福法則，就能吸引來一％的「幸運」。

而能獲得那靠自己就能改變一％的「幸運」的，就是有著消極思考的人。也就是偶爾會有情緒崩潰時刻的你。

總是會有人跟我們說：「應該要隨時保持正面。」

就像「幸福人生就應該是這樣」「就應該要成為這樣的人」一樣，被社會或其他人強加給自己的就是幸福的模樣。

可是，每一個人的人生以及價值觀都不一樣，被強加的幸福模樣也不一定會適合你。

過往的社會積極性，到了如今的社會將不再會被接受。

我們不是要追求世間的積極幸福，像是學歷、在優良企業上班、結婚、生子等，而是不拘泥於形式，去追求即便旁人覺得很消極但自己卻覺得是幸福的事物。

根據幸福的多樣性，人能各自選擇自己「適合的幸福」。

會陷入情緒崩潰時候的人很擅長以消極態度去看待各式各樣的事物，因此也能察覺到普通人難以察覺的幸福。

不要被社會所追求的積極度而勒索著隨波逐流，認定「我就是我」然後持續做著自己想做的事，就是人類能獲得幸福的一般性法則。

本書中介紹了各種方法，有打造轉運法以及體驗豁達貫通感等，希望大家能使用這些方法，以實際體驗到「人在靠自己控制自己的人生時就能獲得幸福」。

人陷入不安時，就會被過去的創傷給困住，或是過度受困於社會的常識中，因而喪失了控制人生的真實感。

正因如此，幫助各位自覺到情緒化的自己，奪回控制的主導權，能再度走上自己的人生道路，就是本書的目的。

「你會有情緒崩潰的瞬間，但這也能成為你的可能性」

請各位務必記住這點。

精神科醫師 Icchi

參考文獻

前言

（1）Nancy L. Segal and Yoon-Mi Hur (2022) "Personality traits, mental abilities and other individual differences: Monozygotic female twins raised apart in South Korea and the United States" *Personality and Individual Differences* vol.194 (2022).

（2）Cole, S.W., Hawkley, L.C., Arevalo, J.M. *et al.* "Social regulation of gene expression in human leukocytes" *Genome Biology* 8, R189 (2007).

（3）Barbara L. Fredrickson, Karen M. Grewen, Kimberly A. Coffey, Sara B. Algoe, Ann M. Firestine, Jesusa M. G. Arevalo, Jeffrey Ma, and Steven W. Cole "A functional genomic perspective on human well-being" *PNAS* 110 (33) (2013).

第4章

（1）Justin B. Echouffo-Tcheugui, Sarah C. Conner, Jayandra J. Himali, Pauline Maillard, Charles S. DeCarli, Alexa S. Beiser, Ramachandran S. Vasan, and Sudha Seshadri "Circulating cortisol and cognitive and structural brain measures: The Framingham Heart Study" *Neurology* Nov 2018, 91 (21) e1961-e1970; DOI: 10.1212/

WNL.0000000000006549
（２）出典：トーマツイノベーション（現・ラーニングエージェンシー）×中原淳　女性活躍推進研究プロジェクト（２０１７）「女性の働くを科学する：本調査」（https://www.learningagency.co.jp/npro/2017/）
（３）出典：トーマツイノベーション（現・ラーニングエージェンシー）×中原淳　女性活躍推進研究プロジェクト（２０１７）「女性の働くを科学する：追加調査」（https://www.learningagency.co.jp/npro/2017/）
（４）Hayley Love, Ross W. May, Ming Cui, and Frank D. Finncham "Helicopter Parenting, Self-Control, and School Burnout among Emerging Adults." *J Child Fam Stud* 29, 327–337 (2020). DOI: 10.1007/s10826-019-01560-z

第５章

（１）Daniel Kahnemanand Angus Deaton, "High income improves evaluation of life but not emotional well-being" *PNAS* Sep 2010, 107 (38) 16489-16493; DOI: 10.1073/pnas.1011492107
（２）Liang Ma and Runing Ye "Does daily commuting behavior matter to employee productivity?" *Journal of Transport Geography* vol.76 (2019), p.130-141.

Note

不是情緒化,是大腦過載：拆解「失控的瞬間」,找到理性與情感間的平衡點/Icchi作；楊玉鳳譯. -- 初版. -- 新北市：世茂出版有限公司, 2025.09
面； 公分. -- (心靈叢書；35)

ISBN 978-626-7446-99-7(平裝)

1.CST: 情緒管理 2.CST: 生活指導

176.52 114009377

心靈叢書35

不是情緒化，是大腦過載：拆解「失控的瞬間」，找到理性與情感間的平衡點

作　　者／精神科醫師Icchi
譯　　者／楊玉鳳
編　　輯／陳怡君
封面設計／林芷伊
出 版 者／世茂出版有限公司
地　　址／(231)新北市新店區民生路19號5樓
電　　話／(02)2218-3277
傳　　真／(02)2218-3239（訂書專線）
劃撥帳號／19911841
戶　　名／世茂出版有限公司
單次郵購總金額未滿500元（含），請加80元掛號費
世茂官網／www.coolbooks.com.tw
排版製版／辰皓國際出版製作有限公司
印　　刷／世和彩色印刷公司
初版一刷／2025年9月

ＩＳＢＮ／978-626-7446-99-7
ＥＩＳＢＮ／978-626-7774-01-4（PDF）／978-626-7774-00-7（EPUB）
定　　價／380元